Heinrich Haeser

Geschichte christlicher Krankenpflege und Pflegerschaften

Heinrich Haeser

Geschichte christlicher Krankenpflege und Pflegerschaften

ISBN/EAN: 9783845745954

Erscheinungsjahr: 2012

Erscheinungsort: Bremen, Deutschland

© Unikum in Europäischer Hochschulverlag GmbH & Co. KG, Fahrenheitstr. 1, 28359 Bremen. Alle Rechte beim Verlag und bei den jeweiligen Lizenzgebern.

www.unikum-verlag.de | office@unikum-verlag.de

Bei diesem Titel handelt es sich um den Nachdruck eines historischen, lange vergriffenen Buches. Da elektronische Druckvorlagen für diese Titel nicht existieren, musste auf alte Vorlagen zurückgegriffen werden. Hieraus zwangsläufig resultierende Qualitätsverluste bitten wir zu entschuldigen.

Heinrich Haeser

Geschichte christlicher Krankenpflege und Pflegerschaften

Geschichte

christlicher Kranken-Pflege

und

Pflegerschaften.

Von

Dr. Heinrich Haeser,
Professor zu Greifswald.

Berlin.
Verlag von Wilhelm Hertz.
(Bessersche Buchhandlung.)
1857.

Vorwort.

Die vor Kurzem begangene, durch die Allerhöchste Gegenwart und die huldvollste Theilnahme **Sr. Majestät des Königs** verherrlichte Jubelfeier des vierhundertjährigen Bestehens der Universität Greifswald hat zu der Arbeit, welche den Inhalt dieser Blätter bildet, die erste Veranlassung gegeben. Ein Theil des letzteren ist bereits in einem lateinischen Programm veröffentlicht worden, welches der Verfasser im Namen der medicinischen Fakultät zu Greifswald zu schreiben die Ehre hatte. Die Wahl des Gegenstandes erschien um so angemessener, als das seltene Fest eine besondere Weihe erhielt durch die von des **Königs Majestät** vollzogene Gründung eines Universitäts-Krankenhauses welches unter dem Schutze Gottes noch den spätesten Nachkommen die Fülle des Segens zu bringen bestimmt ist.

Die erwähnte Gelegenheitsschrift ist über die Kreise der befreundeten Hochschulen nur wenig hinausgetreten. Die Nachsicht einiger Freunde mit derselben ermuthigte den Verfasser, ihren Inhalt in erweiterter Gestalt und in der Muttersprache auch einem weiteren Leserkreise darzubieten. Hierbei sind die Nachweisungen, welche die strengere historische Wissenschaft erheischt, von dem Texte getrennt worden, im Interesse Derer, welchen die abstrakte Form der Forschung ferner liegt, als die Theilnahme an dem Ergebnisse des Versuches, die Grundlinien eines Gemäldes zu entwerfen, das nach allen Seiten voll ist des reichsten Lebens und der reinsten Liebe.

Inhalt.

Zur Einleitung.

Das Alterthum.

Das Mitgefühl für die Leiden des Nächsten, welches Gott tief in die Seele des Menschen gepflanzt, hat zu allen Zeiten Thaten des Erbarmens und der aufopfernden Liebe erzeugt.[1] Aber erst durch Christus ist dem ersten aller Gebote, der Liebe Gottes, die Liebe des Nächsten gleich gesetzt worden. So Vieles auch von den Weisesten und Edelsten des Alterthums, von Juden und Heiden in diesem Sinne gesagt und gethan worden ist; das ist die große und durch Nichts auszufüllende Kluft, welche die alte Zeit von dem neuen Daseyn der christlichen Völker trennt, wie die Nacht von dem Tage: die Achtung vor der göttlichen Würde des Menschen, und die Liebe, welche um der Liebe Gottes willen sich des Nächsten erbarmt.

Oeffentliche Krankenanstalten als Stätten des Erbarmens hat erst das Christenthum gegründet. Alles, was sich Derartiges bei Griechen und Römern vorfinden mag, es ist weit entfernt von dem, was die christliche Zeit ins Leben gerufen. — Man hat gesagt, daß die Alten der Krankenhäuser nicht bedurften, weil die Gastfreundschaft, das Familienwesen, die Sklaverei sie entbehrlich machten. Man hätte sagen sollen, daß die Alten der Hospitäler nicht bedurften, weil sie das Bedürfniß derselben nicht fühlten. Sie haben es höchstens empfunden, wenn es sich darum handelte, das Eigenthum, des Einzelnen wie des Staates, vor Nachtheil zu bewahren. — Zu den entschiedensten Beweisen des Satzes, daß das Alterthum eigentliche Krankenhäuser nicht kannte, gehört das Erstaunen, welches die Heiden bei dem Anblick der ersten von den Christen errichteten Anstalten dieser Art ergriff, und der Wetteifer heidnischer Kaiser, es den Christen gleich zu thun. Auch bei den Juden hat es bis zur Gründung des Christenthums Krankenhäuser nicht gegeben.[2] Nicht minder sind die wohleingerichteten Hospitäler der Muhammedaner größtentheils als Nachahmungen christlicher Vorbilder zu betrachten.

Die Gastfreundschaft bildet einen der schönsten Züge im Leben des Alterthums. Wir sehen sie in der frühesten Zeit, wie noch jetzt bei den friedfertigen Naturvölkern, gegen Jeden ohne Unterschied geübt. Die Vermehrung der Menschen und des Verkehrs, die wachsende Ungleichheit des Besitzes führten jedoch sehr bald zu Beschränkungen. Aus einer allgemeinen Uebung der Menschenfreundlichkeit wird die Gastfreundschaft zu einem auf Gegenseitigkeit gegründeten Vertrage.[3] Immer schärfer entwickeln sich die Abstufungen des Wohlstandes und der Armuth; schon in der frühesten Zeit wird durch die rohe Gewalt des Stärkeren das Wahrzeichen des Heidenthums gegründet, die Sklaverei. So sehr dieselbe der Würde des Menschen Hohn spricht, so bildet sie doch lange Jahrhunderte hindurch eins der wichtigsten Mittel, um die Ausbildung eines Zustandes zu hindern, welcher mit der Entwickelung eines freien Volkslebens unzertrennlich verknüpft zu sein scheint, des Pauperismus.[4]

Ungleich näher als die privaten Verhältnisse der Gastfreundschaft stehen den christlichen Einrichtungen die öffentlichen Anstalten des Alterthums zur Aufnahme von Fremden und Hülfsbedürftigen.

In Griechenland standen ganze Provinzen zu einander im Verhältnisse der Gastfreundschaft. Aber es fehlte auch in den Städten nicht an Anstalten zur Aufnahme solcher Fremdlinge, welche unter den Bürgern keinen Gastfreund hatten.[5]

Es bedarf keiner Bemerkung, daß die Pflichten der Gastfreundschaft gegen erkrankte Fremdlinge um so sorgfältiger erfüllt wurden.[6] Ohne Zweifel gilt dasselbe von den öffentlichen Xenodochien und Hospitien, wie es denn in Griechenland, dem Stammlande der Gastfreundschaft, ein schöner Brauch war, daß arme erkrankte Bürger in den Häusern der Reichen Aufnahme fanden.[7] Und dennoch liegt dies Alles von einer regelmäßigen Sorge für die Leidenden so weit entfernt, daß wir sehen, wie selbst in größter Krankheitsnoth das abergläubige Volk von Rom sich damit begnügt, zu dem Tempel des Capitolinischen Jupiter zu wallfahrten und den Göttern kindische Opfermahlzeiten zu bereiten.

Man hat sodann noch in unsern Tagen geglaubt, in den Tempeln des Aesculap und den Wohnungen der Aerzte Einrichtungen von der Art unsrer Krankenhäuser zu begegnen.

Die Mehrzahl Derer, die bei den Tempeln des Aesculap Hülfe suchten, gehörte gewiß schon in früher Zeit vorzugsweise den niedern Ständen an.[8] Die Leiden derselben waren ferner gewiß in der Regel langwierig, und jedenfalls von der Art, daß sie besondere Bequemlichkeit der Lagerstätte u. s. w. nicht erheischten. Der Hauptzweck des Besuches war ja die Incubation im Tempel selbst. Indeß fanden sich gewiß bei vielen Asklepien die Herbergen für Kranke, deren Pausanias für den Tempel zu Tithorea gedenkt.[9] Daß diese „Wohnungen" (οἰκίδια) eben nur zu diesem Zwecke, keineswegs aber als Krankenhäuser dienten, geht aus ihrer Zusammenstellung mit den Wohnungen der Tempeldiener, der Hörigen des Tempels (der späteren Hierodulen) hinreichend hervor. Hierzu kommt, daß die Flehenden (ἱκέται) gewiß sehr oft nicht die Kranken selbst, sondern Boten derselben waren, und daß nicht blos diese, sondern selbst die Priester statt der Leidenden sich dem Tempelschlafe unterziehen konnten.[10] Zum Ueberflusse ist bekannt, daß Antoninus Pius aus Erbarmen für die Kranken bei dem Tempel des Epidaurischen Aesculap ein zu ihrer Aufnahme bestimmtes Gebäude errichten ließ, welches aber gewiß ebenfalls nur die Bedeutung eines Hospitiums hatte.[11]

Unter den Beweisen für das Vorkommen von Krankenhäusern bei den Römern hat man auch ein vermeintlich auf der Tiber-Insel befindliches Hospital angeführt.

Daß auf der Tiber-Insel ein Tempel des Aesculap sich befand und daß derselbe von Kranken aufgesucht wurde, bedarf keines Beweises. Im Uebrigen ist die Geschichte dieses Tempels ziemlich dunkel. Plinius führt als Grund seiner entlegenen Lage die geringe Sorgfalt der alten Römer für ihre Kranken an.[12] Sonderbarer ist es, wenn Paulus, der Epitomator des Festus die Lage des Heiligthums aus der unmittelbaren Nähe des heilbringenden Wassers erklärt.[13]

Aus den höchst sparsamen Nachrichten der Alten über den Aesculap-Tempel der Tiber-Insel darf mit Schlüter geschlossen werden, daß derselbe nie zu großer Bedeutung gelangte. Die Bestimmung des Claudius, daß kranke von ihren Herren auf der Tiber-Insel ausgesetzte Sklaven frei seyn sollten, scheint nicht eben dafür zu sprechen, daß der Tempel in großem Ansehn stand. Jedenfalls spricht sie, wie schon Becker bemerkt, gegen die Annahme eines Krankenhauses.[14]

Ferner wäre zu vermuthen, daß mit den griechischen Gymnasien und Athletenschulen, bei denen erwiesener Maßen Aerzte thätig waren, sich Kranken-Anstalten befunden hätten. Aber auch hier fehlt es an jeder positiven Nachweisung.

Weniger unwahrscheinlich würde die Annahme seyn, daß auch in Griechenland, gleich den bald zu erwähnenden Einrichtungen der Römer, Lazarethe für die Sklaven und Soldaten bestanden. Sicher ist, daß zu Athen die kranken Sklaven ärztliche Hülfe fanden, vorzugsweise von denjenigen Gehülfen der Aerzte, welche selbst Sklaven waren. Dagegen fehlt es durchaus an Beweisen dafür, daß bei den Griechen etwas den für die römischen Sklaven bestimmten Kranken-Anstalten Aehnliches bestand. Ebenso ist von den griechischen Truppen nur bekannt, daß sie im Felde von Aerzten begleitet wurden[15] und daß die Verwundeten von ihnen schon zu Solon's Zeiten zu Athen auf Staatskosten verpflegt wurden.[16]

Sehr nahe liegt sodann die Vermuthung, daß die Wohnungen einzelner Aerzte (ἰατρεῖα) zur Aufnahme von Kranken dienten. Houdart spricht hiervon in einer überaus gründlichen Schrift als von einer zweifellosen Thatsache.[17] Dennoch geht aus allen den zahlreichen Nachrichten, welche wir über die *ιατρεια* der Alten besitzen, nichts hervor, was mit Bestimmtheit dafür spräche, daß dieselben einen andern Zweck hatten, als zum Empfange Kranker und besonders zur Ausführung chirurgischer Operationen zu dienen. Allerdings ist höchst wahrscheinlich, daß in einzelnen Fällen die Kranken, namentlich Operirte, für einige Zeit in diesen Räumen und in den Wohnungen der Aerzte überhaupt ein Unterkommen fanden, aber ganz gewiß war dies nur ausnahmsweise der Fall. Im Gegentheil sprechen alle Nachrichten dafür, daß die *ιατρεια* vorzugsweise zur Behandlung solcher Kranken dienten, welche den Arzt persönlich aufzusuchen vermochten. Dazu kommt, daß in Athen sowohl wie in Rom die *ιατρεια* und die mit ihnen gleichbedeutenden medicinae sehr früh zum großen Theil in üblen Ruf kamen, theils weil sie vorzugsweise von den niederen Ständen benutzt wurden, theils weil viele von ihnen Sammelplätze der Müßiggänger und Neuigkeitskrämer bildeten, ja nicht selten zu Schlupfwinkeln des Lasters herabsanken.[18]

Dagegen ist unzweifelhaft, daß sich bei den Römern zur Aufnahme kranker Sklaven und Soldaten, vielleicht auch für die Gladiatoren geeignete Räume (Valitudinaria) fanden.

Es darf angenommen werden, daß Valitudinaria für Sklaven zuerst auf dem Lande entstanden, um die Kranken der oft sehr zahlreichen ländlichen Sklaven (Familia rustica) aufzunehmen. Die wichtigsten Angaben über diesen Gegenstand finden sich bei Columella.[19] Aus ihnen geht hervor, daß den Aufsehern des Landgutes (dem vilicus und der vilica) oblag, für die Unterbringung erkrankter Sklaven in das Valitudinarium zu sorgen, die Räume der Anstalt in gutem Stande zu erhalten, namentlich sie lüften und reinigen zu lassen, wenn keine Kranken vorhanden waren. Daß diese Anstalten lediglich dem finanziellen Interesse des Eigenthümers dienten, geht aus den ferneren Worten Columella's hervor, in denen er sagt, es sey in zweifelhaften Fällen vortheilhafter, daß ein durch Arbeit Erschöpfter, obwohl nicht eigentlich Kranker, einige

Tage, wohl bewacht, der Ruhe pflege, als daß er durch übermäßige Anstrengung dauernden Schaden erleide.

In der Regel waren diese Valitudinaria wohl nur von geringem Umfange. Dafür spricht die Angabe Columella's, daß sie zu Zeiten unbesetzt waren. Daß es indeß auch einzelne sehr große Anstalten dieser Art gab, wird durch die wichtige Stelle des Celsus bestätigt, in welcher „umfangreiche Valitudinarien" genannt werden.[20]

Daß es auch in den Städten für die oft sehr zahlreichen Haussklaven (Familia urbana) ähnliche Valitudinaria gab, ist als gewiß anzunehmen. Jedenfalls hatte Seneca, welcher mehrere Male von Valitudinarien spricht, städtische Anstalten im Auge.[21]

Wie in den Schulen der Athleten bei den Griechen, so waren in den Schulen der römischen Gladiatoren Aerzte angestellt. Zunächst sollten sie dafür sorgen, die Störungen der Gesundheit auszugleichen, welche bei den Gladiatoren durch ihre übermäßig nahrhafte Kost (hauptsächlich Gerstenspeisen) entstehen mußten, jedenfalls hatten sie aber auch die Behandlung der in den Spielen Verwundeten zu übernehmen. Ausdrücklich werden Aerzte für die Vormittags-Kämpfe (medici ludi matutini) erwähnt.[22] Die ludi matutini aber waren vorzugsweise den Kämpfen mit Thieren gewidmet, bei denen schwere Verletzungen äußerst häufig waren. Ob die verwundeten und kranken Gladiatoren in eigenen Valitudinarien verpflegt wurden, ist ungewiß, aber bei der großen Menge der Gladiatoren, der Häufigkeit der Spiele, sehr wahrscheinlich.[23]

Jedenfalls steht die Fürsorge für die Gladiatoren auf derselben Linie mit der für die erkrankten Sklaven. Nur kann bei einer so verachteten Menschenklasse, deren Leben und Gesundheit nur für ihre Herren einigen Werth hatte, noch weniger als bei den Sklaven von einer Regung menschlichen Erbarmens die Rede seyn, wenn wir besonderen Anstalten zu ihrer Pflege und Heilung begegnen.

Daß sich bei den römischen Heeren, mindestens seit Cäsar's Zeit, ein im Ganzen sehr wohl geordnetes Medicinalwesen befand, ist schon seit längerer Zeit nachgewiesen.[24] Zur Zeit des Fabius wurden die verwundeten Soldaten nach einer Schlacht in den Häusern benachbarter Städte untergebracht.[25] In späterer Zeit finden wir wirkliche Militair-Lazarethe, welche, unter der Ober-Aufsicht des Befehlshabers (Praefectus castrorum) bei jeder Legion, zunächst dem Lazareth-Aufseher (Optio valitudinarii) untergeben sind. Dieser besorgt mit seinen Gehülfen (qui aegris praesto sunt) den Transport der Kranken, ihre Verpflegung u. s. w., während die eigentliche Behandlung Aerzten anvertraut ist. Diese sind, als Militärs, ihrer Abtheilung einverleibt, tragen Rüstung, ohne eigentlichen Dienst zu thun, und erhalten doppelten Sold (duplicarii). Im Felde waren die Valitudinaria militum gewiß nur wenig von den Zelten der Soldaten verschieden. Ob es auch in den Städten für die oft sehr bedeutenden Garnisonen besondere Valitudinaria gab, ist unbekannt.[26] Ferner ist erwiesen, daß bei der römischen Marine besondere Aerzte angestellt waren.

Das Christenthum.

Die Veranstaltungen zur Milderung menschlichen Elends, welche das Christenthum ins Leben rief, sind so alt als die Verkündigung der Lehre von der Liebe zu Gott und den Menschen. Vom Anbeginn ist die Gemeinde selbst die Trägerin aller dieser Veranstaltungen, aber sehr früh schon bilden sie einen der wichtigsten Zweige der Fürsorge, welche die Kirche dem leiblichen und geistigen Wohle ihrer Glieder zuwendet. Auf diese Weise gehen alle Einrichtungen zur Unterstützung der Bedrängten entweder aus der Kirche selbst hervor, oder sie treten mit derselben sofort in die innigste Verbindung.

Diese Beziehung auf den gemeinschaftlichen kirchlichen Mittelpunkt läßt aber auch auf der anderen Seite in jenen mildthätigen Veranstaltungen die einzelnen Zwecke und Richtungen ihrer Thätigkeit um so weniger von einander getrennt erscheinen, auf je frühere Zeiträume wir unsre Blicke richten. Hierdurch erwachsen für die historische Darstellung derselben so große Schwierigkeiten, daß es nur einer mehr oder weniger künstlichen Trennung des seiner Natur nach innig Verknüpften gelingen kann, ein übersichtliches Bild zu gewinnen. Es soll versucht werden, die Vielgestaltigkeit dieses reichen Gemäldes, welchem die Thaten der demuthsvollen Liebe und des gläubigen Erbarmens einen stillen, aber unvergänglichen Glanz verleihen werden, der unsrer Darstellung versagt ist, in drei Gruppen zu ordnen, zu deren Abgrenzung die mit der zeitlichen Entwickelung des inneren Lebens dieser Erscheinungen Hand in Hand gehende immer schärfere Sonderung ihrer äußeren Formen berechtigt.

Diese Gruppen sind die der Diakonie in der ältesten, die der Xenodochien in der mittleren und die der eigentlichen Krankenhäuser in der späteren Zeit, denen alsdann eine Uebersicht der frommen Pflegerschaften sich ergänzend anschließen wird.

Die Diakonie.

Die Formen dessen, was in dem neuen Geiste der freien Liebe zu den Brüdern geschah, sehen wir in der ersten Zeit des Christenthums vielfach den Gebräuchen der Heiden und Juden entlehnt. Wir sehen diese Formen noch in viel späterer Zeit in der ausdrücklichen Absicht beibehalten, den Bekehrten den Uebergang in einen neuen Zustand zu erleichtern.[27]

So verdanken die Liebesmahle (Agapen) der apostolischen Zeit ihre Entstehung einem bei Griechen und Juden uralten Gebrauche. In der ersten christlichen Zeit sollten sie den Bedürftigen nicht blos die leibliche Nahrung gewähren; sie sollten an die Gleichheit Aller vor Gott erinnern und die brüderliche Gemeinschaft auch des irdischen Besitzes versinnlichen.[28]

So sind auch die Diakonen ursprünglich nur die christliche Umgestaltung der bei den Juden und Heiden sich findenden Diener des Tempels.[29] Es ist selbst wahrscheinlich, daß die vom Judenthum übertretenden Personen dieser Art nach der Taufe ihre bisherigen Obliegenheiten beibehielten. So erscheinen die Diakonen ursprünglich als Kirchen- und Gemeinde-Diener. Aber sehr bald erfuhren ihre Pflichten die wesentlichste Erweiterung.

Das Wachsthum der Gemeinden, die große Zahl der Armen, die sich der göttlichen Lehre von der Gleichheit Aller zuwendeten, die Aufhebung der Sklaverei, die Bedrückungen und Verfolgungen, Alles vereinigte sich, um Bedrängnisse jeder Art zu erzeugen, welchen die gegenseitige Hülfe der Einzelnen nicht gewachsen war. Es ward das Amt der Liebe einzelnen bewährten Mitgliedern der Gemeinde vorzugsweise anvertraut. Auf den Antrag der Apostel wählte die Gemeinde zu Jerusalem sieben Pfleger, welche die Apostel dann durch Auflegung der Hände einsegneten.[30] Die Pflichten dieser Männer bestanden darin, bei den Liebesmahlen und am Tische des Herrn, beim Gottesdienste überhaupt die nöthigen äußeren Veranstaltungen zu treffen, besonders aber für die Armen und Kranken zu sorgen.[31] Außerdem hatten sie auch als Lehrer zu wirken. In allen diesen Aemtern standen den Diakonen ihre eigenen Angehörigen, besonders ihre Frauen, zur Seite.

Von Jerusalem ging das Amt der Diakonen auch auf die übrigen Gemeinden über. Je zahlreicher und je ausgedehnter diese aber wurden, je mehr die Bedrängnisse im Innern und die Anfeindungen von außen anwuchsen, desto wichtiger ward auch das Amt der Diakonen. Namentlich traten nun zu den früheren Obliegenheiten die Vermittelung der Gastfreundschaft, die Tröstung der Gefangenen und die Bestattung der Märtyrer hinzu. Erhebende Beweise ihres Pflichteifers gaben die Diakonen in verheerenden Epidemieen, besonders in der großen Pest, welche nach ihrem Beschreiber die Cyprianische genannt wird.[32]

In späterer Zeit wurde den Diakonen hauptsächlich die unmittelbare Beaufsichtigung der Xenodochien übertragen, so daß der Name des Diakonus mit dem eines Hospitalmeisters gleichbedeutend wurde, und die Hospitäler selbst, vornämlich wohl die kleineren, Diakonieen hießen.[33] Im neunten Jahrhundert waren allein in Rom vierundzwanzig solcher Diakonieen, deren Vorsteher Cardinal-Diakonen genannt wurden. Noch jetzt finden sich zu Rom vierzehn dieser Anstalten, die nach den Kapellen heißen, welche mit den ursprünglichen Stiftungen verbunden waren.

Das Amt der Diakonen gerieth indeß schon frühzeitig in Verfall. Viele von ihnen, namentlich in der römischen Gemeinde, versanken in Uebermuth, Trunksucht und noch schlimmere Laster.[34] Sie maßten sich allmählich die Verrichtungen der Priester an und stellten sich zuletzt den Geistlichen völlig gleich. Ihren ursprünglichen Pflichten aber wurden sie so entfremdet, daß es nöthig wurde, Subdiakonen und Archidiakonen zu erwählen, von denen jene den geringeren Diensten, diese hauptsächlich der Fürsorge für die Bedrängten sich unterzogen.[35]

Den männlichen Diakonen sehen wir schon in der apostolischen Zeit Frauen zur Seite gestellt. Als das älteste Beispiel dieser Gehülfinnen (die Bezeichnung „Diakonissen“ ist späteren Ursprungs) erscheint Phöbe, deren Paulus am Schlusse des Römerbriefes gedenkt. Ursprünglich waren diesen Gehülfen wahrscheinlich nur geringere Dienste übertragen. Sie leisteten den Frauen, die sich zur Aufnahme in die Gemeinde meldeten, bei der Taufe, welche ursprünglich den ganzen Körper betraf, den durch die Schicklichkeit gebotenen Beistand, wiesen denselben, besonders den angeseheneren, in der Kirche ihre Plätze an, und vermittelten überhaupt die Verbindung der Aeltesten und Bischöfe mit den weiblichen Mitgliedern der Gemeinde. Vor Allem aber waren ihrer Fürsorge die Armen und die Kranken anvertraut, hauptsächlich dann, wenn es in der Familie der letzteren an geeigneten Pflegern fehlte.

Nicht ganz aufgeklärt ist das Verhältniß, in welchem diese Dienerinnen der ersten christlichen Zeit zu den Wittwen standen, welche gewiß schon sehr früh in dem inneren Leben der Gemeinde eine sehr ausgedehnte und segensreiche Thätigkeit übten. Wahrscheinlich geschah von jeher, was der heilige Hieronymus ausdrücklich vorschreibt, daß die Wittwen zum Danke für die ihnen selbst erzeigten Wohlthaten den nöthigen Beistand leisten sollten, wo die Thätigkeit der Diakonen und ihrer Angehörigen nicht ausreichte.[36] Später bildete sich auf diese Weise eine eigene Körperschaft der Wittwen (viduitas), welche vorzugsweise der Ausübung des Liebesamtes in der Gemeinde sich widmete, und mit dem Namen der Diakonissen bezeichnet ward. Von ihnen scheint zu gelten, was vielleicht irrig auf alle Diakonissen genannten Frauen bezogen wird, daß sie das sechzigste Jahr erreicht, ihre Kinder gut erzogen und durch Frömmigkeit und gute Werke sich hervorgethan haben mußten. Solche, welche zum zweiten Male Wittwen waren, blieben ausgeschlossen. Eine neue Ehe zu schließen war bei Strafe des Anathems über beide Ehegatten untersagt. Später nahm man, besonders in kleineren Gemeinden, auch jüngere Wittwen, dann auch Frauen und selbst Mädchen in diese Körperschaft der „Wittwen“ auf.

Das Amt der „Wittwen" oder Diakonissen mußte für eins der Gott-gefälligsten gelten. Nachdem das Christenthum Staatsreligion geworden war, sehen wir, daß die vornehmsten Frauen, ja selbst Kaiserinnen, sich um dasselbe wie um hohe Ehrenstellen bewerben.[37] Aber gerade seit dieser Zeit sehen wir dasselbe allmählich verschwinden. Das bei Weitem gesteigerte Bedürfniß umfassender Vorkehrungen zur Unterstützung der Nothleidenden, die Vermehrung der Hülfsmittel jeder Art, welche der Kirche zu Gebote standen, die Gründung selbständiger Wohlthätigkeitsanstalten, vor Allem die Entstehung zahlreicher Pflegerschaften, führten zu einem Zustande, bei welchem eine so einfache Einrichtung, als das Institut der Diakonen und Diakonissen war, nicht mehr zu bestehen vermochte.

Daß an der Gründung selbständiger Anstalten zur Uebung der Barmherzigkeit die Erschlaffung einigen Antheil hatte, welche in dem anfänglichen Eifer zu guten Werken eingetreten war, ist unleugbar. Aber man wird nicht so weit gehen dürfen, deshalb der späteren Zeit aus der Errichtung von Hospitälern, Xenodochien und Krankenhäusern einen Vorwurf zu machen, wie es von Moreau-Christophe und zum Theil selbst von Chastel geschehen ist.[38] Man vergißt hierbei gänzlich, daß das Bedürfniß solcher Anstalten in der ersten Zeit gewiß nicht minder groß war, als später, daß es aber den jungen Christengemeinden geradezu unmöglich gewesen seyn würde, dieselben ins Leben zu rufen, theils weil es ihnen an den erforderlichen Mitteln fehlte, theils und vorzüglich weil der Druck und die Verfolgung, denen sie von Seiten der Heiden unaufhörlich ausgesetzt waren, der Gründung derartiger Institute unüberwindliche Hindernisse bereitet haben würden.

Eine strenge Abgrenzung der Wohlthätigkeits-Anstalten läßt sich in den ersten Jahrhunderten, ja selbst noch in späterer Zeit, nicht durchführen. Die Schwierigkeiten eines solchen Unternehmens sind so groß, daß sie selbst von zweien der größten Kenner dieses Gegenstandes, von Thomassin und von Muratori anerkannt werden.[39] Denn es waren nicht blos alle der Uebung der Nächstenliebe gewidmeten Anstalten, sondern alle kirchlichen Stiftungen überhaupt um so bereitwilliger, Bedrängten jeder Art Zuflucht und Hülfe zu gewähren, je mangelhafter ihre Organisation und je reicher ihre Hülfsquellen waren.

Die Xenodochien.

Die Urform aller dieser Anstalten ist das Xenodochium, die Herberge. Wir haben uns dasselbe ursprünglich nicht nothwendig als ein besonderes Gebäude zu denken. In der frühesten Zeit nehmen Alle ohne Unterschied, nehmen besonders die Diener der Kirche, Bischöfe und Aebte, Jeden, der des Obdachs und der Pflege bedarf, in ihre Wohnung auf. Aber auch später, nachdem besondere Räume und Gebäude zur Aufnahme der Fremdlinge und Bedrängten bestimmt worden, tritt das Xenodochium zunächst mit den Kirchen, den Sitzen der Bischöfe, und mit den Klöstern in Verbindung. So ist das Xenodochium im geschichtlichen, wenn auch nicht streng im chronologischen, Sinne die älteste dieser wohlthätigen Anstalten: die Zufluchtsstätte der Wanderer, der Heimathlosen, der Armen, der Wittwen, der Greise, der Findlinge, der Kranken jeder Art, ja selbst der Wahnsinnigen. Deshalb sind auch die Bezeichnungen der verschiedenen Arten dieser Wohlthätigkeits-Anstalten erst späteren Ursprungs. Aber selbst dann folgt aus der Hervorhebung des hauptsächlichen und ursprünglichen Zweckes keineswegs die Beschränkung auf die im Namen liegende Thätigkeit. So umfaßt z. B. noch das große „Waisenhaus" (Orphanotropheion) des Kaisers Alexius zu Constantinopel (im 11. Jahrhundert) vielleicht im bildlichen Sinne seines Namens alle Zweige der Wirksamkeit des ursprünglichen Xenodochium.[40]

In den Klöstern finden wir schon in frühester Zeit besondere zur Beherbergung der Fremdlinge und Hülfsbedürftigen bestimmte Räume. Der heilige Benedikt besonders schreibt im sechsten Jahrhundert seinen Ordensgenossen neben jeder andern Art nützlicher Thätigkeit besonders auch die Pflege der Kranken vor.[41] In seiner Ordensregel ist die Erfüllung der Pflichten der Gastfreundschaft und Krankenpflege hauptsächlich der Fürsorge des »Cellerarius« anvertraut.[42] Später, bei zunehmendem Umfange der Klöster wurden die Geschäfte des Xenodochium einem besondern »Hospitalarius« übertragen. In Frankreich erfolgte diese Trennung unter Ludwig dem Frommen, durch welchen die Krankenpflege, neben dem kirchlichen Wesen überhaupt, mannichfache Förderung erfuhr. Unter ihm bestimmte das Concilium von Avranches, daß sich in jedem Kloster, außer einer vor den Pforten gelegenen Herberge für Ankömmlinge jeder Art, ein bei der Kirche gelegenes Armenhaus, und im Innern des Klosters selbst ein Zufluchtsort für Wittwen und arme Frauen befinden solle.[43]

In derselben Weise waren die Wohnungen der Bischöfe und bei den Kathedralen besondere hierzu bestimmte Gebäude für die Aufnahme Hülfsbedürftiger und Kranker bestimmt. So bestand, um unter zahlreichen Beispielen nur eins zu nennen, bei der Kathedrale zu Würzburg eine derartige Anstalt mit zwei Abtheilungen. Die erste, das „Fremdenhaus" (domus hospitum), war zur Aufnahme besonders derer bestimmt, welche die Hauptkirche des heiligen Kilian besuchten; in der zweiten Abtheilung, dem „Pflegehause", (domus hospitalis) wurden Arme und Kranke verpflegt.[44]

Den Stätten der Gastfreundschaft und des Erbarmens, welche in Klöstern und Bischofssitzen den Hülfsbedürftigen bereitet waren, reihen sich die ausschließlich als Xenodochien wirkenden Anstalten an.[45] Viele von ihnen, namentlich in der früheren Zeit, sind Stiftungen der Kirche, viele aber auch sind von Laien gegründet. Aber in beiden Fällen gestalten sich die Einrichtungen derselben mehr oder weniger in klösterlicher Weise, indem auch dann, wenn Laien dem unmittelbaren Dienste der Anstalt sich widmen, eine gewisse mönchische Regel befolgt wird, selbst von den Pfleglingen, welche längere Zeit hindurch verweilen.

Auch in diesen Anstalten tritt eine Trennung je nach der Art der gewährten Hülfe um so weniger hervor, je älter und je umfänglicher sie sind. Das Xenodochium der frühesten Zeit ist nicht weniger bereit, dem Armen, dem hülflosen Greise, dem Pilger seine gastliche Pforte zu öffnen, als dem Kranken und Verwaisten. Ja selbst solche Stiftungen, welche vorzugsweise einzelnen Klassen der Bedrängten ihre Dienste widmen, wie z. B. Waisenhäuser, verschließen deshalb keiner andern Art des Elends ihre Thore.[46]

Am frühesten finden sich Xenodochien im Orient, aber eben daselbst sondern sich auch am frühesten die einzelnen Elemente ihrer Wirksamkeit, so daß wir dort fast gleichzeitig allen übrigen Formen und Namen der wohlthätigen Stiftungen begegnen. Die bei den Schriftstellern der griechischen Kaiserzeit sich findenden Nachrichten sind überaus zahlreich, für die Kenntniß der Entwickelung derselben ist indeß die Betrachtung der wichtigsten vollkommen ausreichend.

Zu Sebaste und Cäsarea bestanden schon um die Mitte des dritten Jahrhunderts Xenodochien für Arme, Fremde, Verirrte, ja selbst für Aussätzige.[47] Eine der frühesten Nachrichten meldet sodann, daß Kaiser Constantius II. (337—361) ein von dem heiligen Zotikus zu Constantinopel gegründetes Xenodochium wiederherstellte.[48]

Als hauptsächlichstes Beispiel eines Xenodochium im umfassendsten Sinne kann die große Anstalt dienen, welche vor dem Jahre 370 n. Chr. von dem heiligen Basilius, Bischof von Cäsarea, in Cappadocien gegründet wurde und nach ihm den Namen führte.[49] Zu dieser Stiftung gaben wahrscheinlich die große Hungersnoth des Jahres 368 und die allgemeine Verbreitung des Aussatzes in Kleinasien die nächste Veranlassung.

„Vor den Thoren von Cäsarea erhob sich, von Basilius aus dem Nichts hervorgerufen, eine neue, der Wohlthätigkeit und Krankenpflege geweihte Stadt. Wohleingerichtete Häuser, um eine Kirche in ganzen Straßen geordnet, enthielten die Lagerstätten für Kranke und Gebrechliche aller Art, welche der Pflege von Aerzten und Krankenwärtern anvertraut waren. — Basilius, aus vornehmem Hause entsprossen und nicht von Jugend auf an harte Entbehrungen gewöhnt, reichte den Aussätzigen die Hand, umarmte sie, versicherte sie durch christlichen Bruderkuß seines Beistandes, und pflegte sie selbst auf ihren Krankenlagern."

Der edle Bischof wurde bei seinem Unternehmen durch den ihm gleichgesinnten Gregor von Nazianz auf das Eifrigste unterstützt. Dieser zählt die Basilias zu dem Größten, was jemals menschliche Kraft ins Leben rief, aber er stellt die segensreiche Stiftung weit über die angestaunten und doch nutzlosen Wunderwerke der Heiden, die Mauern von Babylon, die ägyptischen Pyramiden und das Colosseum von Rom.

Ueber die inneren Einrichtungen und die Verwaltung der Basilias wird leider nur wenig mitgetheilt. Es ist indeß mit Bestimmtheit anzunehmen, daß sie alle Zwecke des Xenodochium im weitesten Sinne umfaßte. Und da die Anstalt aus einer beträchtlichen Anzahl einzelner Gebäude bestand, so ist wahrscheinlich, daß den einzelnen Zwecken ihrer Thätigkeit besondere Räumlichkeiten gewidmet waren, und daß für die Absonderung der Gesunden von den Kranken gebührend Sorge getragen wurde. — Von den Beamten der Basilias wird leider Nichts gesagt, als daß sie in Krankenpflegern (nosocomi), Aerzte, »bajuli«, ductores und Handwerker (artifices) zerfielen. Unter »ductores« (Führer) müssen diejenigen Diener verstanden werden, welche in späterer Zeit unter dem Namen der Parabolanen vorkommen und deren Beruf es war, die der Hülfe Bedürftigen aufzusuchen und der Anstalt zuzuführen. Von ihnen wird unten näher die Rede sein. Durch »artifices« werden Handwerker jeder Art bezeichnet. Dafür spricht nicht blos der Umstand, daß von Mißgünstigen gerade ihre Aufnahme dem heiligen Basilius zum Vorwurfe gemacht wurde, sondern es wird auch durch Nachrichten aus andern ähnlichen Stiftungen, vor Allem durch diejenigen bestätigt, welche wir, allerdings aus viel späterer Zeit, über das Hospital der Johanniter zu Jerusalem besitzen.

Der wohlthätigen Stiftung des frommen Bischofs von Cäsarea ward sehr bald die reichste Förderung und Nacheiferung zu Theil. Kaiser Valens schenkte derselben ausgedehnte Ländereien in Cappadocien,[50] der heilige Marcianus und der heilige Chrysostomus gründeten zu Constantinopel ähnliche Anstalten.[51] Vor Allen aber waren Kaiser Constantin und seine Mutter Helena bemüht, auch durch solche Stiftungen ihren frommen Eifer für die Sache des Christenthums zu bewähren. Sie gründeten im heiligen Lande Xenodochien an allen Wegen nach Jerusalem, und durch die Fürsorge der Kaiserin erhoben sich auf der ganzen Strecke von Chalcedon nach Jerusalem Wartthürme, die am Tage durch ihre Höhe, des Nachts durch ihre Leuchtfeuer den frommen Wanderern als Wegweiser dienten.

Aber nicht blos den Christen sollte dieser Wetteifer im Wohlthun zu Gute kommen. Die unwiderstehliche Macht, welche die Gotteslehre und die erhebenden Beispiele der Tugend auf die Menschen übten, spornten auch die Heiden, vornämlich Julian den Abtrünnigen an.[52] „Wir sehen," sagt Julian, „was die Feinde der Götter so stark macht, ihre Menschenliebe gegen die Fremdlinge und Armen, ihre Sorgfalt für die Todten, und ihre, wenn auch gemachte Heiligkeit des Lebens." Diesem Beispiele sollten die heidnischen Priester nachstreben. Dem Arsacius, Erzpriester von Galatien, an den sein Brief gerichtet ist, befiehlt Julian, in allen Städten Xenodochien anzulegen. Zu diesem Zwecke sollen jährlich 30000 Modien Getreide und 60000 Sextaren Wein für ganz Galatien verabfolgt werden. Ein Fünftel sollen die Ministranten der Priester, das Uebrige die Fremdlinge und Armen erhalten. Denn schon Homer sage, daß dem Zeus die Bettler und die Fremdlinge gehören. — Nicht weniger nahm sich Julian die Schuleinrichtungen der Christen zum Muster.[53]

Den größten Eifer für die Gründung wohlthätiger Anstalten und die Ordnung ihrer rechtlichen Verhältnisse entwickelte unter den christlichen Kaisern Justinian (527—567). Er stellte ein zu Constantinopel von Sampson gestiftetes Xenodochium wieder her, erweiterte dasselbe durch den Aufbau neuer Wohnhäuser, und vermehrte dessen Einkünfte. Im Verein mit seiner Gemahlin Theodora gründete er ferner noch mehrere andere zum Theil sehr große Anstalten für diejenigen, welche nach Byzanz kamen, um ihr

Glück zu machen, oder vom Kaiser eine Gunst zu erbitten, ohne einen Gastfreund zu haben;[54] nicht minder errichtete er ein Kloster für bußfertige Buhlerinnen.[55] Er legte ferner auf dem Wege nach Jerusalem ein Hospiz für Pilger und ein Hospital für Kranke an, und verlieh allen diesen Anstalten die gesetzlichen Rechte kirchlicher Stiftungen.[56]

Unter der großen Zahl derartiger Anstalten, welche später ins Leben gerufen wurden, verdient die von Johannes dem Wohlthätigen (Eleemosynarius, deshalb später Jean l'Aumonier genannt), Patriarchen von Alexandrien, im Jahre 610 gegründete Stiftung von sieben Gebäuden zur Aufnahme armer Wöchnerinnen besondere Erwähnung.[57]

Das berühmteste aber unter den späteren Hospitälern des christlichen Orients war das von Kaiser Alexius I. (1081—1118) zu Constantinopel erbaute „Waisenhaus" (Orphanotropheion), eine Bezeichnung, welche entweder nur den ursprünglichen Zweck der Anstalt, oder in bildlicher Weise den Gesichtspunkt bezeichnet, von welchem aus der fromme Gründer die Lage seiner Pfleglinge ins Auge faßte. Das Orphanotropheum lag, einer nicht unbedeutenden Stadt an Umfang gleich, am östlichen Ende der Residenz, bewohnt von Hülfsbedürftigen und Kranken jeder Art, jedes Alters, jeder Religion und Abstammung. Sehr ansehnliche Einkünfte waren mehr als hinreichend, jedes Bedürfniß zu befriedigen. Die Pflege der Kranken lag lediglich Geistlichen ob, denen indeß ärztliche Schriften zu Gebote standen. Eigentlicher Aerzte geschieht auffallender Weise keine Erwähnung.[58]

Dies sind die wichtigsten von den Beispielen, welche dafür zeugen, daß unter den Christen des Morgenlandes von Anbeginn ein lebendiger Eifer für die Uebung der Barmherzigkeit an den bedrängten Brüdern waltete. Einiger anderer Stiftungen von Xenodochien, derer besonders, die im heiligen Lande zur Ursprungsstätte frommer Pflegerschaften sich gestalteten, soll später ausführlich gedacht werden.

Im Abendlande begegnen wir im Allgemeinen mildthätigen

Stiftungen der bezeichneten Art später als im Orient. Die Ursachen dieser Verschiedenheit sind offenbar. Sie beruhen in den harten Drangsalen und der unendlichen Verwirrung, welchen die meisten Länder des Occidents vom Ende des vierten bis zum Anfang des neunten Jahrhunderts durch innere Zerrüttung und durch äußere Feinde ausgesetzt waren.

Nach der Bemerkung eines großen Kenners dieses Gegenstandes, Muratori's, treten im Abendlande vor den Zeiten Karl's des Großen fast überall nur Xenodochien, eigentliche Krankenhäuser erst nach dieser Zeit hervor, und in vielen Gegenden, besonders der nördlichen Länder, fällt die Entstehung solcher Anstalten in eine noch viel neuere Periode.

Zu den ältesten Anstalten, welche als Xenodochien oder Herbergen im engeren Sinne wirkten, gehören im Morgen- wie besonders im Abendlande die Hospize an berühmten Wallfahrtsorten und den zu ihnen führenden Wegen, in unwirthbaren Gegenden, in Gebirgen, an schwierigen Flußübergängen, an den Eingängen der Wüsten. So war die Ausrottung der reißenden Thiere, welche das Leben der Pilger bedrohten, nicht die unwichtigste von den Pflichten der Mönche des Berges Karmel. Im Abendlande fanden sie sich, gleich den Xenodochien des heiligen Landes, vornämlich an allen Straßen, die nach Rom und zu andern Stätten des Heils führten. — Der Hospize in den Alpen wird schon zur Zeit Hadrian's I. (772—795) als bereits bestehender Einrichtungen gedacht, welche dem Schutze des Kaisers empfohlen werden.[59] Es scheint selbst nicht unmöglich, daß sie bis in die römische Zeit hinaufreichen. Etwas später (im J. 825) gründeten Kaiser Ludwig der Fromme, welcher überhaupt allen Anstalten dieser und verwandter Art die größte Fürsorge widmete, auf dem Mont Cenis, und (im J. 980) der heilige Bernhard auf einem bis dahin dem Jupiter geheiligten Gebirgspasse der Schweiz Hospize, von denen wenigstens das letztere noch jetzt besteht. — Hierher gehört auch das im Jahre 1160 von dem steyrischen Markgrafen Ottokar VII. gegründete, für Alte, Kranke und Reisende bestimmte und reich dotirte Hospital zu Zerenwalde am Semmering, welches später in die Verwaltung des Carthäuser-Ordens gelangte.[60] — Derartige Hospize wurden häufig vorzugsweise für einzelne Volksstämme gegründet. So errichteten Schotten und Irländer in Frankreich Hospize für ihre nach Rom wallfahrenden Landsleute; nicht minder Stephan I., Herzog von Ungarn, zu Rom und Constantinopel für die Genossen seines Volksstammes. — Noch in späterer Zeit wurden hier und da neue, ausdrücklich für Pilger bestimmte Xenodochien gegründet. Hierher gehört das noch jetzt bestehende Ospizio e archiospedale della Santissima Trinitá de' pellegrini e convalescenti zu Rom, welches im J. 1348 nebst einer Laienbrüderschaft von Filippo Neri gegründet wurde, um während der Jubeljahre die Pilger, für deren Zahl die römischen Klöster nicht ausreichten, drei Tage lang zu verpflegen.[61]

Als fernere Beispiele sehr alter Xenodochien in Italien hebt Muratori, in einer Abhandlung, die zu den vorzüglichsten über diesen Gegenstand gehört, die Stiftungen der Stadt Lucca hervor. Dort gründeten schon um das Jahr 718 unter der Regierung König Liutprand's fromme Bürger eine Kirche des heiligen Sylvester nebst einem Xenodochium und einem Bade. Aehnliche Stiftungen entstanden ebendaselbst in den Jahren 721, 757 und 847.[62]

Eins der bedeutendsten Beispiele von den Einrichtungen solcher Xenodochien bietet das berühmte Hospital von Albrac oder Aubrac in Frankreich dar. Dasselbe lag auf der Grenzscheide dreier Provinzen, Guienne, Languedoc und Auvergne, in der Diöcese von Rhodez, auf einer rauhen und einsamen, einen großen Theil des Jahres hindurch mit Schnee bedeckten Höhe. Es wurde um das Jahr 1120 von Alard oder Adalard, Vicomte von Flandern, gestiftet, zur Erfüllung eines Gelübdes, welches dieser abgelegt hatte, als er in jener Gegend auf der Rückkehr von einer Pilgerfahrt einen Räuberangriff glücklich zurückgeschlagen. Alard weihte seine Stiftung der heiligen Jungfrau. Nach kurzer Zeit gelangte sie zu hoher Blüthe. Dieselbe enthielt fünf Klassen von Bewohnern: 1. Priester, 2. Ritter, um die Pilger zu geleiten und die Räuber zu vertilgen, 3. Kleriker und Laienbrüder für den Dienst des Hospitales und der Armen, 4. Knechte (Donnés) ebenfalls für den Dienst des Hospitales und den Anbau des Feldes, 5. Schwestern (Dames de qualité) nebst Mägden zur Pflege der Pilger u. s. w. — Alard selbst war der erste Vorsteher seiner Anstalt, die aber erst 1162 die bischöfliche Bestätigung und mit derselben die Regel der Augustiner erhielt. In eben demselben Jahre wurden diese Verfügungen durch den Papst Alexander III., welcher sich gerade in dem benachbarten Montpellier aufhielt, nicht nur bekräftigt, sondern derselbe ließ sich auch selbst als Mitglied der Verbrüderung von Albrac aufnehmen.

Auch diese Stiftung theilte das Schicksal der meisten übrigen. Schon im Jahre 1297 erregte sie die Habgier der Johanniter, denen es indeß eben so wenig als später den Tempelherren gelang, sich in deren Besitz zu setzen. Die Reichthümer des Hospitales von Albrac waren zu Ende des siebzehnten Jahrhunderts so sehr angewachsen, daß der Vorsteher (Dom genannt) 15000 Livres jährlicher Einkünfte bezog, während die übrigen Mitglieder der Anstalt ihre Stellen ebenfalls nur als Pfründen betrachteten. Durch das Gesetz vom Jahre 1697, von welchem später ausführlicher geredet werden soll, wurde deshalb auch diese Stiftung aufgehoben und die noch vorhandenen Hospitaliter pensionirt.[63]

In Deutschland finden sich Xenodochien, Hospize und Hospitäler (Gute-Leuthäuser, Siechenhäuser[64]) vorzüglich erst seit dem zwölften Jahrhundert. Sehr viele derselben führen den Namen des heiligen Geistes, und schon hiernach ist es wahrscheinlich, daß zur Gründung derselben vorzüglich der Eifer Innocenz III. (1198—1216), welcher dieser Angelegenheit seine ganze Sorgfalt widmete und dieselbe zunächst durch die Stiftung des großen Hospitals San Spirito zu Rom bethätigte, Veranlassung gab.

Es genügt, einige wenige Beispiele anzuführen. Zu den ältesten derartigen Stiftungen scheint das Hospital der Abtei Cornelimünster am Niederrhein zu gehören; so wird in Köln schon 1116 eines Armen-Hospitals gedacht. Zu Mainz befand sich ein dem heiligen Geiste geweihtes Hospital am Dome, ein anderes am Jacobs-Kloster, bei St. Victor und St. Johann (der sogenannte „Siechenkorb"). Eine andere sehr bedeutende Anstalt dieser Art bestand zu St. Goar am Rhein.[65] — Ein Hospital des heiligen Geistes befand sich auch zu Nürnberg.[66] Besonders reich an derartigen Anstalten war Würzburg. Dort gründete schon im Jahre 1097 Bischof Einhard bei der St. Margarethen-Kapelle ein Hospital für arme und kranke Reisende.[67] Ebendaselbst gründete der Dompropst Otto im Jahre 1140 ein dem heiligen Theodoricus geweihtes Hospital (St. Dietrichs-Spital) auf dem Judenmarkte unweit der Kathedrale.[68] Aehnliche Anstalten bestanden zu Würzburg bei den Stiftern Neumünster und Haug. — Im Baden'schen gründete Cuno von Buchsee im Jahre 1181 nach seiner Rückkehr aus Palästina ein „Xenodochium oder Hospitale" für arme Pilger.[69] — Zu St. Gallen wird eines Hospitals vom heiligen Geiste im Jahre 1228 gedacht.[70] — Zu diesen allgemeinen Anstalten gehörte auch das große Bürger-Hospital zum heiligen Geist in Wien, angeregt im Jahre 1230 von Herzog Leopold VII., gegründet 1240 unter Friedrich dem Streitbaren.[71] — In das dreizehnte Jahrhundert fällt auch die Stiftung des Inselspitals zu Bern.[72]

Später als im Süden entstanden derartige Anstalten im nördlichen Deutschland. Als Beispiele können das heilige Geist-Hospital zu Lübeck und einige Stiftungen Greifswalds dienen. Das erstere besteht seit 1248; seine Besitzungen erstrecken sich bis nach Mecklenburg und Pommern und gewähren gegenwärtig einen jährlichen Ertrag von 46000 Mark.[73] Von den letzteren wird später die Rede seyn.

In England sind mehrere Hospitäler ebenfalls von hohem Alter. Das Bartholomäus-Hospital zu London wurde schon im Jahre 1102, zugleich mit der Kirche und Dominikaner-Priorei, gegründet. Das St. Thomas-Hospital, ursprünglich für Neubekehrte und arme Kinder bestimmt, stammt aus dem Anfange des dreizehnten Jahrhunderts und wurde erst nach der Reformation zum Krankenhause umgestaltet.

Ursprünglich fanden gewiß Hülfsbedürftige jeder Art die bereitwilligste Aufnahme in den Xenodochien. Als sich aber die Verwaltung der Gemeindegüter regelte, da sah man sich vielfach genöthigt, die Hülfe der Xenodochien und Hospitäler auf die Genossen der Gemeinde zu beschränken. Häufig entstanden dann, in Deutschland wenigstens, neben den ursprünglichen Anstalten kleinere, welche für die dringendsten Fälle auch Fremden eine Zuflucht gewährten. Hierher gehören wahrscheinlich die vielfach vorkommenden „Elendshäuser."

Hier ist der Ort, der im Mittelalter und noch in späterer Zeit häufig erwähnten Seelbäder (balnea animarum) zu gedenken. Der häufige Gebrauch warmer Bäder war von dem Alterthum auf das Mittelalter übergegangen und zu einem unentbehrlichen Bedürfnisse geworden. Die Gewährung des Bades gehörte zu den wesentlichsten Pflichten der Gastfreundschaft; ebenso wurden in Xenodochien, Klöstern und an Wallfahrtsorten die Ankömmlinge durch das Bad erquickt und zur Andacht vorbereitet. Anfangs war der Genuß solcher Bäder unentgeltlich, bald aber wurden sie für die Klöster eine Quelle des Gewinns, indem man sie an „Bader" verpachtete. Da hierdurch den Armen der Genuß einer so wohlthätigen Einrichtung verkümmert wurde, so setzten häufig fromme Personen in ihrem Testamente eine gewisse Summe aus, um an ihrem Sterbetage alljährlich den Armen ein freies Bad zu gewähren. Dies ist der Ursprung der Seelbäder, welche sich somit den Seelmessen anreihen. In vielen, wo nicht in allen Seelbädern wurde den Leidenden die Beihülfe der frommen Schwesterschaften zu Theil, welche sich in Xenodochien und Krankenhäusern der Pflege der Bedrängten widmeten, und gewiß oft auch deren ewiges Heil sich angelegen seyn ließen. Diese Frauen heißen deshalb in Deutschland häufig „Seelschwestern." Nach der Unterdrückung der Beguinen, von denen später gesprochen werden soll, nahmen diese häufig den Namen der „Seelschwestern" und wahrscheinlich auch deren Obliegenheiten an.

In den Seelbädern riß indeß schon früh eine so große Zuchtlosigkeit ein, daß sie häufig von den Schlupfwinkeln der gemeinsten Lust wenig verschieden zu seyn schienen. Deshalb wurden zuerst die Seelschwestern von den öffentlichen Bädern dieser Art ausgeschlossen, bis die Bäder überhaupt, hauptsächlich aus Furcht vor gewissen ansteckenden Uebeln, ebenfalls verschwanden.[74]

Die Krankenhäuser.

Die Geschichte der Krankenhäuser, besonders derer des Abendlandes, ist bis zum Ende des zwölften Jahrhunderts mit der der Xenodochien innig verbunden. Im Occidente wurden gesonderte Anstalten zur Verpflegung von Kranken hauptsächlich erst durch den Eifer Innocenz III. ins Leben gerufen, und die von ihm im Jahre 1204 bewirkte Gründung des Hospitales San Spirito in Rom, nach dessen Muster in der ganzen Christenheit zahlreiche ähnliche Anstalten, meist unter demselben Namen, ins Leben traten, kann als der Ausgangspunkt von der Geschichte der Krankenhäuser im Abendlande betrachtet werden.

Eine auch nur einigermaßen vollständige Aufzählung derjenigen Stiftungen, welche ausschließlich oder vorzugsweise als Nosokomien oder Krankenhäuser wirkten, würde im höchsten Grade mühselig seyn und dennoch nur geringes Interesse gewähren.[75] Für die geschichtliche Einsicht ist es auch vollkommen hinreichend, diejenigen Anstalten dieser Art hervorzuheben, welche für die Entwickelung der öffentlichen Krankenpflege von Bedeutung gewesen sind.

Aus nahe liegenden Gründen begegnen wir wohl eingerichteten Krankenanstalten am frühesten im Orient.[76] Allerdings wird auch im Abendlande einzelner Krankenhäuser schon im fünften Jahrhundert gedacht, aber hier blieb doch die ursprüngliche Verbindung derselben mit den Xenodochien viel länger und viel inniger bestehen, als in den der griechischen Kirche angehörigen Ländern.

Zur Gründung von Krankenanstalten gaben gewiß sehr häufig verheerende Epidemieen die nächste Veranlassung. Als Beispiel kann eine der ältesten Stiftungen, die des heiligen Ephrem zu

Edessa in Mesopotamien dienen (um das Jahr 350). Während eine mörderische Seuche wüthete, kam der Heilige aus seiner Einsiedelei im Gebirge zur Stadt, um den Kranken beizustehen. Da viele von ihnen des Obdachs entbehrten, so ließ er dreihundert Betten in die öffentlichen Gallerien bringen und dieselben zur Aufnahme der Kranken einrichten.[77]

Zu den ältesten Krankenanstalten gehören ferner diejenigen, welche mit den ärztlichen Schulen der Nestorianer in Persien verbunden waren, und von welchen angenommen werden muß, daß sie eins der wesentlichsten Unterrichtsmittel in jenen Schulen bildeten, deren Geschichte noch in so großes Dunkel gehüllt ist.[78] Mehrerer anderer Krankenhäuser des Orients, z. B. der Basilias, ist bereits oben Erwähnung geschehen; die Geschichte einer der wichtigsten Anstalten aber, des Hospitals der Johanniter zu Jerusalem, wird bei der Darstellung der Krankenpflegerschaften abgehandelt werden.

Unter den Krankenhäusern des Abendlandes ziehen zunächst die von Rom durch ihr Alter und ihre Bedeutung unsere Aufmerksamkeit auf sich.

Die älteste Stiftung dieser Art schreibt der heilige Hieronymus (gest. 420) der Fabiola zu. Diese, dem alten und reichen Geschlechte der Fabier entsprossen, hatte sich nach der Trennung von ihrem ehebrecherischen Gemahl von Neuem verheirathet. Nach dem Tode des zweiten Gatten überließ sie sich aus Reue über diese zweite Ehe, welche sie fast einem Ehebruche gleich hielt, jeder Art der Buße. Sie gründete ein Krankenhaus (nosocomium) und leistete in demselben den Leidenden jede Art des Beistandes. Später reiste sie nach Jerusalem; von dort durch den Einfall der Hunnen in Palästina vertrieben, kehrte sie nach Rom zurück, um im Verein mit einem ihr gleichgesinnten Wittwer, Pammachius, zu Ostia (in portu Romano) ein Xenodochium zu gründen.[79]

Dem Beispiele der Fabiola eiferten fromme Frauen aus den edlen Geschlechtern der Fabier, Emilier und Scipionen nach. Sie zogen mit dem heiligen Hieronymus nach Jerusalem und gründeten Xenodochien, hauptsächlich für Kranke. — Ferner wurden zu Rom unter der Regierung des Arcadius und Honorius (um das Jahr 400) von zwei Patriciern, Florentius und Dexikrates, Krankenanstalten gegründet.

Von besonderer Wichtigkeit ist die Geschichte des großen noch jetzt bestehenden Hospitals San Spirito zu Rom.

Im Jahre 715 gründete Ina, König der Angelsachsen, welcher sich nach seiner Abdankung nach Rom zurückgezogen hatte, zuerst eine Kirche, dann (im Jahre 718) ein Hospiz (schola) für die Pilger seiner Nation. König Offa erweiterte das Hospital und vermehrte dessen Besitzthümer (kurz vor dem J. 796). Es brannte im Jahre 817 zum Theil, im Jahre 847 aber vollständig ab, und in der darauf folgenden Zeit verlor sich das Andenken desselben fast gänzlich. — Papst Innocenz III. (1198 — 1216) benutzte die Einkünfte der erloschenen Stiftung zur Gründung einer neuen Anstalt. Als Veranlassung dieses Unternehmens wird erzählt, daß Fischer dem Papste die Leichen neugeborener Kinder überbrachten, welche sie in der Tiber aufgefunden hatten. Noch zur Zeit Helyot's (im Anfange des vorigen Jahrhunderts) fand sich in dem Hospitale San Spirito ein altes diese Scene darstellendes Fresko-Gemälde. Zugleich geht aus dieser Erzählung hervor, daß die Aufnahme von Findelkindern einen wesentlichen Zweck der Anstalt bildete.

Zur Leitung der Krankenpflege in dem Hospitale, welches den Namen St. Spiritus in Sassia erhielt, berief Innocenz im Jahre 1204 den Stifter des Krankenpfleger-Ordens vom heiligen Geiste, Guy von Montpellier, mit sechs männlichen und eben so vielen weiblichen Begleitern. Später, als der Orden vom heiligen Geiste seinen weltlichen Charakter immer mehr ablegte, trat zu diesen eine Laienbrüderschaft, welche im Hospitale San Spirito noch jetzt besteht.[80] — Im Jahre 1471 wurde das inzwischen verfallene Hospital durch Sixtus VI. von Neuem aufgebaut, und demselben im Wesentlichen die noch jetzt bestehende Einrichtung gegeben.[81]

Noch älter als dieses Hospital ist das Archiospedale S. Maria in Portico, insofern als es aus drei ursprünglich getrennten Stiftungen besteht. Bereits im sechsten Jahrhundert gründete die heilige Galla, Tochter des jüngeren Symmachus, eine Kirche, zu welcher Papst Cölestin III. zu Ende des zwölften Jahrhunderts ein Hospital hinzufügte. In der Nähe der erstgenannten Kirche baute Gregor VI. schon im Jahre 1045 das Hospital S. Maria delle Grazie, berühmt durch seine Kirche und ein von dem heiligen Lukas gemaltes wunderthätiges Madonnenbild. Zwar wurden die Kirche und das Hospital im Jahre 1084 von Robert Guiscard zerstört, bald darauf aber zu Ehren des unversehrt gebliebenen Wunderbildes neu aufgeführt. Alle diese Anstalten wurden später mit der Kirche S. Maria della consolazione und dem Hospital gleiches Namens, gegründet im vierzehnten Jahrhundert, zu einer einzigen, dem oben genannten Archiospedale S. Maria in Portico oder delle grazie, auch delle consolazioni genannt, verschmolzen.

Kurze Zeit nach dem Hospital San Spirito, im Jahre 1216, wurde von dem Cardinal Giovanni Colonna das jetzige Archiospedale del Santissimo Salvatore ad Sancta Sanctorum gegründet. Den letzteren Namen führt es nach einer gleichnamigen Brüderschaft; zuerst hieß es nach dem heiligen Andreas, jetzt meist S. Giovanni, wegen der nahe gelegenen Kirche S. Giovanni in Laterano.[82]

Gleich denjenigen Xenodochien, welche vorzugsweise bestimmt waren, Pilger einzelner Nationen aufzunehmen, bestanden zu Rom auch Krankenhäuser für gewisse Landsmannschaften. Das älteste von diesen ist das der Flamänder, welches Robert, Graf von Flandern, im Jahre 1094 neu einrichtete. Die Stiftung bestand noch zur Zeit Morichini's (1842), war aber auf den Umfang von zwei Betten zusammengeschmolzen. — Unter Sixtus VI. (1471—1484) gründeten Lombarden zu Rom ein derartiges Hospital für ihre Landsleute. Aehnliche Stiftungen für Lucchesen, Bergamasken, Spanier (seit 1350), Portugiesen (seit 1430) bestehen zu Rom noch jetzt; eine weit größere Anzahl anderer ist eingegangen.

Im übrigen Italien gehören zu den ältesten von den überaus zahlreichen Stiftungen dieser Art das Hospital und das Findelhaus zu Mailand, jenes im Jahre 777 von Todone, dieses zehn Jahre später von Dateo gegründet.[83] Ferner das Hospital Santa Maria della Scala in Siena. Stifter desselben und der mit ihm verbundenen Hospitaliter und Hospitaliterinnen war ein frommer unbemittelter Mann, Soror (geb. 832), welcher Anfangs armen Pilgern in einem kleinen neben dem Dome gelegenen Hause körperliche und geistige Pflege spendete. Reiche Unterstützungen setzten ihn nach kurzer Zeit in den Stand, ein großes Hospital zu erbauen, welches seinen Beinamen, della Scala, von einigen Marmorstufen, Resten eines Minerva-Tempels erhielt, auf die man bei der Grundlegung gestoßen war. Das Ansehn dieses Hospitals und seines Ordens wurde so groß, daß ihm bis zum Anfange des sechszehnten Jahrhunderts viele andre Krankenanstalten in Italien untergeben blieben.[84]

Dem Hospital Santo Spirito zu Rom ist an Alter, Umfang und an Einrichtungen durchaus ähnlich das große Hospital La Casa santa di Santa Maria Annunciata zu Neapel, gestiftet im Jahre 1304 von den Brüdern Nicola und Giacomo Scondito.[85]

Nächst Italien besitzen wir die frühesten Nachrichten aus Frankreich. Das Hôtel-Dieu zu Lyon wurde auf Anregung des Erzbischofs Sacerdos im Jahre 504 durch König Childebert I. gestiftet.[86] Das Hôtel-Dieu zu Paris ist der Ueberlieferung zufolge von dem heiligen Landry, Bischof von Paris, um das Jahr 660 gestiftet, nach urkundlichen Nachrichten von den Königen Ludwig dem Heiligen und Heinrich IV. erweitert worden.[87]

Auch in Spanien begegnen wir schon sehr früh bedeutenden Krankenanstalten. Von besonderer Wichtigkeit ist das große Hospital, welches im Jahre 580 der Bischof Masona von Augusta emerita (das heutige Merida am Guadiana in Estremadura) gründete. Masona, welcher seine Bildung bei den heilkundigen Nestorianern erhalten hatte, und als Flüchtling nach Spanien gekommen war, stattete die Anstalt auf das Freigebigste aus, versah sie mit „Aerzten oder Dienern“, welchen oblag, die der Hülfe bedürftigen Kranken ohne Unterschied des Standes und des Glaubens auf ihren

Schultern in das Hospital zu tragen, wo ihnen die ausgesuchteste Pflege zu Theil wurde.[88]

In der späteren Zeit zählte kaum ein anderes Land so zahlreiche und wohl eingerichtete Krankenhäuser als Spanien. König Alphons V. von Arragonien gründete im Jahre 1425 das allgemeine Krankenhaus de la Virgen de Gracia zu Saragossa, für Kranke jeder Art, besonders auch für Ansteckende und Geisteskranke. Dasselbe ist, nachdem es im Jahre 1808 durch die Franzosen zerstört worden war, im Jahre 1829 von Neuem erbaut worden. Sevilla hat ein Krankenhaus seit dem Jahre 1436; das Krankenhaus zu Valencia, eins der größten in Spanien, wurde im Jahre 1484 gegründet, und nach einer Feuersbrunst im Jahre 1545 von Neuem erbaut.

In England zählt Muratori zu den ältesten Krankenhäusern dasjenige, welches von dem heiligen Lanfrancus, Erzbischof von Canterbury, im Jahre 1070 gegründet wurde. Wie Muratori vermuthet, dienten hierbei Lanfranchi die Anstalten seines Vaterlandes, Italien, zum Vorbilde.[89] Im übrigen Europa, namentlich in den nördlichen Gegenden, so wie in denen, welche später als andere der höheren Cultur zugänglich wurden, z. B. in Siebenbürgen, ist die Trennung der ursprünglichen Xenodochien in Hospitäler und Krankenhäuser erst später eingetreten.

Besonderer Erwähnung sind neben den allgemeinen Krankenanstalten die Aussatzhäuser (Leproserieen, Maladrerieen) werth, welche im Mittelalter über ganz Europa verbreitet waren. Eine befriedigende Geschichte derselben würde allerdings von einer gründlichen Geschichte des Aussatzes, welche uns gänzlich fehlt, nicht getrennt werden können. Für den gegenwärtigen Zweck muß deshalb die allgemeine Bemerkung genügen, daß es verstattet seyn wird, unter dem, was man im Mittelalter unter der allgemeinen Bezeichnung des „Aussatzes" zusammenfaßte, außer den der wahren Lepra beizuzählenden Formen eine beträchtliche Zahl noch anderer Hautübel zu begreifen, welche die Merkmale des Entstellenden und Langwierigen darbieten.[90]

Schon das mosaische Gesetz verordnet die Absonderung der Aussätzigen; ob man denselben besondere, namentlich gemeinsame, Aufenthaltsorte angewiesen, ist unbekannt. Im alten Griechenland scheinen einige Ortsnamen für ein hohes Alter des Aussatzes zu sprechen.[91]

In der christlichen Zeit finden wir schon sehr früh eine geregelte Fürsorge für die Aussätzigen. Die größeren Xenodochien und Krankenanstalten, z. B. die Basilias, hatten für dieselben besondere Abtheilungen. Als eine ausschließlich für Lepröse bestimmte Anstalt wird das von Zotikus zu Constantinopel gegründete Lobotropheion genannt.[92]

Aehnliche Anstalten bestanden auch in Italien schon in sehr früher Zeit, und zwar, wie Muratori gezeigt hat, weit früher als Krankenhäuser im weiteren Sinne. Zu Rom wurde das sehr alte Hospital San Lazaro vor der Porta Angelica unter Gregor VIII. (1187) angeblich von einem aussätzigen Franzosen gegründet; eine Stiftung, die noch gegenwärtig vorzugsweise zur Aufnahme von Hautkranken dient. Das Archiospedale di San Giacomo in Augusto (so genannt nach seiner Lage in der Nähe des Mausoleum des Augustus) oder degli incurabili, wurde im Jahre 1339 nach einem Vermächtniß des Cardinals Giacomo Colonna gegründet. Anfangs war es dem Hospital San Spirito untergeben, später kam es an die Brüderschaft von Santa Maria del Popolo.[93] Aber auch im übrigen Italien fehlte nach Muratori's Versicherung kaum einer einzigen Stadt ihr Aussatzhaus. Namentlich werden in dieser Beziehung Mailand, Bologna und Modena hervorgehoben.[94]

Nicht weniger begegnen wir in den übrigen Ländern des Occidents Aussatzhäusern bereits in so früher Zeit, daß schon hierdurch die hergebrachte Meinung, als sey der Aussatz, der sich überall im Geleite der Unkultur findet, durch die Kreuzzüge oder durch die Juden von Asien her in Europa verbreitet worden, nur in sehr bedingtem Maaße Geltung behalten kann.

In Spanien werden schon im Jahre 1067 Aussatzhäuser erwähnt. Auch in Frankreich war der Aussatz schon sehr früh verbreitet. Zu den ältesten Leproserieen in diesem Lande gehört wohl die von Muratori nach Gregor von Tours erwähnte Stiftung des Abt Nicolaus von Corbeil. Im Jahre 1225 hatte Frankreich, welches damals kaum die Hälfte seines gegenwärtigen Umfanges einnahm, zweitausend, in der Regel wohl nur kleine, Aussatzhäuser, wie sich aus dem oft angeführten Testamente Ludwigs VIII. ergiebt, welches jeder dieser Stiftungen hundert Solidi aussetzt.[95] Wie groß die Zahl der Aussätzigen in Frankreich und wie verzweiflungsvoll ihre Lage war, geht daraus hervor, daß sie sich im Jahre 1321 mit den Juden vereinigten, um sich durch Vergiftung der Brunnen ihrer gemeinsamen Feinde zu entledigen.

In England scheinen Leproserieen erst später gegründet worden zu seyn. Wenigstens gilt dies von den bei Thomassin sich findenden Angaben über ein Xenodochium S. Juliani, welches im vierzehnten Jahrhundert die Aebte von St. Albans gründeten, und über eine im Jahre 1346 zu London wieder hergestellte Anstalt für dreizehn Lepröse (xenodochium tredecim fratrum leprosorum).[96]

Aeußerst dunkel ist die Geschichte der deutschen Aussatzhäuser. Muratori gedenkt eines solchen, welches der heilige Abt Othmar (um das J. 750) bei den Alemannen gründete. Eine der frühesten Nachrichten ist vielleicht die, welche erzählt, daß Markgraf Albert von Brandenburg, der mit dem Bischof von Halberstadt in Palästina gewesen war, Leproserieen in Königsberg (in der Neumark) und Frankfurt an der Oder errichtete.[97] — Auch zu St. Gallen bestand schon im Jahre 1219 eine derartige Anstalt; in Görlitz finden wir im Jahre 1298 in der Stadt ein „Hospital oder Xenodochium" des heiligen Geistes, außerhalb derselben eine dem heiligen Jacob geweihte Leproserie.[98]

Die Leproserieen in Deutschland scheinen vielfach unter dem Schutze des heiligen Georg gestanden und nach ihm den Namen geführt zu haben. So kommen Leproserieen unter dem Namen dieses Heiligen zu Salzwedel, Pritzwalk, Prenzlau, Königsberg in der Mark und Pasewalk vor. Desselben Ursprungs ist das Armenhaus bei der St. Georgenkirche zu Berlin, dessen schon im Jahre 1278 gedacht wird.[99] — Zu Greifswald bestand ein ebenfalls dem heiligen Georg geweihtes Aussatzhaus außerhalb der Stadt schon vor dem Jahre 1318. Im Jahre 1322 wird es bereits ausdrücklich unter diesem Namen angeführt (Domus leprosorum ad Sanctum Georgium extra civitatem Gripeswald). Es lag nebst seiner Kapelle vor dem Thore, an der Wolgaster Straße. Im Jahre 1630 wurden beide, wie auch die vor dem Steinbecker Thore liegende Kapelle des Hospitals zum heiligen Geiste, auf Befehl des kaiserlichen Kommandanten Perusius zerstört. Das Georgshospital besteht aber, an einer andern Stelle der Stadt, als Armenhaus noch jetzt.[100]

Mit dem Zurücktreten des Aussatzes verschwinden auch die Aussatzhäuser. In Frankreich war derselbe schon im Jahre 1407 so selten geworden, daß Karl VI. für nöthig hielt, die alten Verordnungen in Betreff der Absonderung der Leprösen in Erinnerung zu bringen.[101] In Ungarn und Siebenbürgen wurden im fünfzehnten Jahrhundert viele frühere Leproserieen in Pesthäuser umgewandelt. Damit hängt zusammen, daß der Orden der Lazarus-Ritter, welcher ursprünglich die Pflege der Aussätzigen zu seiner Aufgabe gemacht hatte, diesem Zwecke aber sehr bald fremd geworden war, auch äußerlich erlöschen konnte.

In das tiefste Dunkel ist die Geschichte der Anstalten gehüllt, welche dazu bestimmt waren, die Unglücklichen aufzunehmen, denen einzelne Glieder ihres Körpers durch das heilige Feuer oder das Antoniusfeuer zerstört waren, eine Krankheit, deren Uebereinstimmung mit dem Mutterkornbrande kaum noch zweifelhaft seyn kann.[102] Nach Muratori fanden sich in Italien mehrere solcher Anstalten, und für Frankreich, den Hauptsitz des heiligen Feuers während des Mittelalters, hebt ebenderselbe eine Stiftung hervor, welche im Jahre 1093 zu Vienne gleichzeitig mit einer ihr beigeordneten St. Antonius-Brüderschaft erwähnt wird.

Mit einigen Worten mag endlich auch noch der von den Muhammedanern gegründeten Krankenhäuser gedacht werden, von denen mehrere hinsichtlich ihres Umfangs und ihrer Einrichtungen nur mit den bedeutendsten Hospitälern der Gegenwart verglichen werden können.

Gewiß führten zu der Gründung dieser Anstalten dieselben Tugenden der Nächstenliebe und des Erbarmens, welchen die christlichen Einrichtungen entsprangen; wie bedeutend aber das Beispiel der Christen auch in dieser Beziehung auf die Bekenner des Islam wirkte, geht daraus hervor, daß bedeutende Krankenhäuser bei den Arabern erst sehr spät, zu Ende des dreizehnten Jahrhunderts, erwähnt werden, zu einer Zeit, in welcher im Orient nicht nur zahlreiche und wohleingerichtete Krankenhäuser bestanden, sondern auch in Italien, Spanien und Frankreich bereits die größten der noch jetzt vorhandenen Hospitäler gegründet waren.

Die wichtigste Quelle für unsere Kenntniß der muhammedanischen Krankenhäuser ist die Beschreibung, welche Macrizi von den Hospitälern zu Kairo giebt.[103] Im Nachstehenden theilen wir die Angaben desselben, im Wesentlichen mit den Worten seines Uebersetzers, Wüstenfeld, mit.

Der Erste, sagt Macrizi, welcher zur Zeit des Islam ein Hospital und Krankenhaus anlegte, war el-Welid ben Abd-el-Melik (der sechste der omeijadischen Khalifen) im Jahre 707 n. Chr. Er stellte in dem Hospital Aerzte an und bestritt ihre Ausgaben, er befahl die Aussätzigen einzusperren, damit sie nicht auf die Straße gingen, und sorgte für ihre und der Blinden Bedürfnisse.

Sodann wird das Hospital erwähnt, welches Kâfur el Ichschidi in der Stadt Misr im Jahre 346 (957 n. Chr.) baute.

Das Hospital el Magafir auf der gleichnamigen Straße bei der Stadt Misr unter der Regierung von el-Mutewekkil gebaut, bestand nur kurze Zeit.

Die bedeutendste dieser Anstalten war das große Mansurische Krankenhaus zu el-Cahira, welches el-Melik el-

Mansur Gilâvûn im Jahre 1283 mit großer Pracht gründete, und zu dessen Unterhalte er jährlich fast eine Million Dirhem aussetzte. Kranke der höchsten wie der geringsten Stände sollten daselbst Aufnahme finden; männliche und weibliche „Bettmacher" waren zur Bedienung der Kranken bestimmt, diesen selbst jede Bequemlichkeit dargeboten. Jede Klasse von Kranken bekam einen besonderen Raum: vier mit Springbrunnen versehene Säle wurden für die an Fiebern Leidenden bestimmt; einen Hof sonderte er für die Augenkranken, einen für die Verwundeten, einen für die, welche am Durchfall litten, und einen für die Frauen. Andere Zimmer waren für die Reconvalescenten bestimmt. Ein besonderes Zimmer war für das Kochen der Medikamente, Speisen und Syrupe, ein anderes für das Mischen der Confecte, Balsame u. s. w. eingeräumt; an verschiedenen Orten wurden die Vorräthe aufbewahrt; in einem Zimmer waren die Syrupe und Medikamente, in einem anderen hatte der Oberarzt seinen Sitz, um medicinische Vorlesungen zu halten. Die Zahl der Kranken war nicht begränzt, sondern jeder Bedürftige und Arme, welcher dahin kam, fand Aufnahme. Ebensowenig war die Zeit des Aufenthalts der Kranken bestimmt, und es wurde sogar denjenigen, welche zu Hause krank lagen, Alles, was sie nöthig hatten, verabreicht.

Auch hier stand das Krankenhaus mit einer Kapelle in Verbindung, in welcher 50 Vorleser abwechselnd bei Tag und Nacht den Koran lesen mußten. Zugleich waren bei dieser Kapelle Professoren für die Erklärung des Korans angestellt; hierzu kam eine bedeutende Bibliothek, Lehrcurse der Rechtswissenschaft, eine Elementarschule für Waisenkinder u. s. w.

Ferner wurde zu Kairo noch im Jahre 1418 von dem Sultan el-Melik el-Muajjid Scheich das nach ihm genannte Muajjid'sche Hospital gegründet.

Zu Bagdad stifteten Sedschah, die Mutter des Khalifen Mutewekkil, und Adhad-Daula große Hospitäler. Noch andre Anstalten dieser Art wurden in den Jahren 918 und 925 n. Chr.

errichtet. — Ferner ließ ebenfalls im zehnten Jahrhundert Abd-el-Melik zu Fez ein großes mit einer Wasserleitung versehenes Hospital gründen.

Nicht weniger zahlreich und ansehnlich waren die von den Arabern in Spanien erbauten Hospitäler, von denen z. B. Cordova allein nach einer bekannten, gewiß übertriebenen, Angabe fünfzig besaß.[104]

Allgemeine Einrichtungen der Xenodochien und Krankenhäuser.

Die in Städten sich findenden Xenodochien und Hospitäler lagen in der Regel außerhalb der Ringmauern, meist an den Hauptstraßen, um auch während der Nacht nach dem Schlusse der Thore hülfsbedürftigen Wanderern zugänglich zu seyn.[105]

Der Umfang der Xenodochien und Krankenhäuser war natürlich je nach dem Bedürfniß sehr verschieden. Als Beispiel einer sehr großen Anstalt kann wiederum das alte Hospital San Spirito zu Rom dienen.

Die Insassen der uns beschäftigenden Anstalten zerfallen im Allgemeinen in die beiden Hauptklassen der Pflegenden und der Verpflegten.

Der Pflege der Hülfsbedürftigen und Kranken unterzogen sich in der frühesten Zeit die Mitglieder der Gemeinde ohne Unterschied, hauptsächlich die Frauen, vor Allen die Diakonissen. Fortwährend aber erfreuten sich namentlich die Heilanstalten der thätigsten Mithülfe frommer Gemeindeglieder. Die Pflege der Kranken und die Tröstung der Beladenen mußte als eins der verdienstlichsten der guten Werke gelten, und sie wurden hauptsächlich von vornehmen Frauen oft mit der größten Hingebung geübt. So wird, um nur einiger Beispiele zu gedenken, der Eifer gepriesen, mit welchem Placilla Augusta, die Gemahlin Theodorich's des Großen, die Fremdlinge und Kranken pflegte.[106] Viele unterzogen sich diesen frommen Diensten als einem Werke der Buße, wie Fabiola,

Andere um ihr eigenes Leid zu vergessen, indem sie sich fremder Noth erbarmten. So empfiehlt der heilige Antonius seinem Bruder die Pflege der Kranken als Heilmittel der Schwermuth.[107] Freilich zogen schon in früher Zeit Reiche es oft genug vor, derartige Dienste für Geld durch Andere verrichten zu lassen, und der heilige Hieronymus tadelt in den stärksten Worten die Schwächlinge, die sich dem widerwärtigen Anblicke der Noth ihrer Mitmenschen entziehen, um sich vor üblen Stimmungen zu bewahren, und deren Barmherzigkeit nicht im Herzen und in dem Werke ihrer Hände, sondern im Geldbeutel wohnt.[108]

Daß in den Klöstern und den mit ihnen verbundenen mildthätigen Anstalten das Amt der Pflege von den Mönchen und Nonnen ohne Unterschied geübt wurde, bedarf keiner Bemerkung. Indeß auch hier war doch wohl meist einem besondern Fremden- und Krankenpfleger (Hospitalarius und Infirmarius) diese Fürsorge vorzugsweise ans Herz gelegt.

In allen übrigen einigermaßen umfangreichen Anstalten begegnen wir schon in sehr früher Zeit ständigen Pflegern, welche das Heil der Seelen und das leibliche Wohl der Pfleglinge im Auge haben. Im Allgemeinen sind beide Pflichten gleichmäßig Allen zugetheilt; der ersten aber widmen sich vorzugsweise besondere Priester, der andern die übrigen Gattungen der Pflegenden: geistliche Orden, Laien-Verbrüderungen, Aerzte und Diener.

Die priesterliche Obhut fehlte gewiß selbst den kleinsten dieser Anstalten niemals; in den größeren, z. B. dem Hospital der Johanniter zu Jerusalem, in San Spirito zu Rom, war oft eine beträchtliche Anzahl von Geistlichen angestellt.

Der leiblichen Pflege unterzogen sich in sehr vielen Anstalten männliche und weibliche geistliche Orden, die sich von den übrigen nur durch das ausdrückliche Gelübde der Hospitalität unterschieden.

In noch zahlreicheren Stiftungen finden wir männliche und weibliche Verbrüderungen von Laien der Pflege der Bedrängten sich widmen. Sie entspringen entweder aus der Zahl der letzteren selbst, indem viele von diesen sofort oder nach einiger Zeit im Stande sind, gleich den „Wittwen" der apostolischen Zeit die ihnen selbst erwiesene Wohlthat durch die Pflege von Andern zu vergelten. In der überwiegenden Mehrzahl der Fälle dagegen sind diese Laien-Verbrüderungen die Frucht eines freien frommen Entschlusses, und dann bilden sie einen der erhebendsten Züge in der verborgenen und geräuschlosen Geschichte des menschlichen Erbarmens.

Wir sehen diese frommen Pflegerschaften ursprünglich völlig unabhängig von der Kirche sich entwickeln. Am entschiedensten ist dies bei denjenigen der Fall, welche zu Anstalten weltlichen Ursprungs in Beziehung treten. Aber keine dieser Verbrüderungen entzieht sich in ihrer ferneren Entwickelung dem Einflusse der Kirchengewalt, indem sie sich derselben entweder freiwillig unterordnet (der häufigste Fall), oder indem die Kirche Mittel zu finden weiß, ihren Einfluß geltend zu machen, wo man geneigt seyn sollte, sich demselben zu entziehen. Daß es an Versuchen dazu nicht fehlte, beweist die häufige Wiederholung der Verordnungen, welche für die Kirche das Recht in Anspruch nehmen, alle, auch die von Laien gegründeten Anstalten dieser Art zu organisiren. Es hatten aber auch die weltlichen Urheber solcher Stiftungen häufig hinreichende Veranlassung, eine gewisse Grenze der Willfährigkeit, der Kirche gegenüber, nicht zu überschreiten.

Im Allgemeinen war gewiß die Obhut der Kirche für das Gedeihen dieser Anstalten nur förderlich. Sie diente eben so sehr dazu, die innere Ordnung aufrecht zu erhalten, als unberechtigten Eingriffen, von welcher Seite her sie immer kommen mochten, zu wehren.

Die Organisation der frommen Laien-Verbrüderungen konnte keine andere als die allgemeine klösterliche Form annehmen. Als das geringste Maaß derselben erscheint das dreifache Gelübde der Armuth, der Keuschheit und der geistlichen Tracht.[109] In dieser Weise kommt, wie der Cardinal Jacob von Vitry sagt, die Regel dieser Verbrüderungen im Allgemeinen mit der des heiligen Augustinus überein.[110] Eben derselbe bezeugt freilich auch, daß schon zu seiner Zeit Viele nur um äußeren Vortheils willen sich in jene Anstalten eindrängten.[111]

In allen größeren Anstalten, gewiß aber auch in vielen kleineren, besonders den Hospizen unwirthbarer Gegenden, waren besondere Diener dazu bestimmt, die Bedrängten jeder Art, Verirrte, Pilger, Arme und Kranke aufzusuchen und dem gastlichen Obdache zuzuführen. Gewiß unterzogen sich in frühester Zeit diesen Diensten die kräftigen Männer aus der Zahl der Pflegenden ohne Unterschied. So sehen wir auf einem alten Byzantinischen Gemälde des Vatikans, welches den Tod des heiligen Ephrem darstellt, Mönche, auf ihren Schultern Kranke tragend, dem Kloster zueilen.[112] So lesen wir, daß den „Aerzten" (medici) des Krankenhauses zu Merida in Spanien oblag, die Leidenden in den Straßen und Herbergen aufzusuchen und zu dem hülfreichen Obdache zu geleiten.[113] Diese Verbindung anscheinend unvereinbarer Pflichten hat für den Kenner der Anschauungen der ersten christlichen Jahrhunderte nichts Befremdendes, und es ist völlig klar, warum dieselben Helfer bald „Diener" (ministri), bald „Aerzte" und bald wieder „Geistliche" (clerici) heißen.

Gewiß trat indeß, besonders in den großen Anstalten, schon früh eine schärfere Sonderung der Dienstleistungen ein. So finden wir bereits in der Basilias besondere Sendboten (parapempontes, ductores). Sie sind identisch mit den Parabalanen oder Parabolanen, deren später hin und wieder gedacht wird und deren Deutung schon oft den Scharfsinn der Gelehrten beschäftigt hat.[114]

Die Parabalanen oder Parapemponten waren, wie es wenigstens der letztere Name sofort andeutet, dazu bestimmt, die der Hülfe Bedürftigen an den Straßen, in den Herbergen u. s. w. aufzusuchen, und sie entsprechen in dieser Hinsicht vollständig den Knechten in den noch jetzt bestehenden Hospizen der Alpenpässe, so wie zum Theil den Mitgliedern einer Brüderschaft zu Rom, welche die in der weiten Campagna di Roma Verstorbenen aufsucht, um sie, oft aus weiter Entfernung, nach Rom zu bringen und zu begraben.[115] — Aber auch diese Sendboten entarteten sehr bald; sie wurden zu einer Art Leibwache für die Bischöfe, spielten bei Aufständen und Tumulten eine bedeutende Rolle, und scheuten gelegentlich selbst vor blutigen Unthaten nicht zurück. So finden wir die Parabalanen gleich da, wo sie zum ersten Male erwähnt werden, als Werkzeuge des Cyrillus, des Geld- und Ränkesüchtigen Patriarchen von Alexandrien (seit dem Jahre 412) in der von ihm angezettelten, von dem Statthalter Orestes und den Bürgern der Stadt höchlich gemißbilligten Judenverfolgung. Die bei dieser Gelegenheit entbrannten blutigen Kämpfe veranlaßten den Kaiser Theodosius zu mehreren Gesetzen, in denen sowohl die Zahl der Parabalanen als ihre Theilnahme am öffentlichen Verkehr beschränkt wird.[116]

Daß sich für die gröberen Dienste bei den Kranken schon sehr früh eigentliche Wärter und Wärterinnen finden, welche der heilige Chrysostomus, gleich den übrigen Dienern der wohlthätigen Anstalten, aus der Zahl der Ehelosen wählte,[117] bedarf keiner Bemerkung.

Am lückenhaftesten sind leider die Nachrichten über den wichtigsten Theil der Pflege in den Xenodochien und Krankenhäusern, den ärztlichen. Wie denn überhaupt kaum ein anderer Gegenstand in der Geschichte der Heilkunde noch von so tiefem Dunkel umgeben ist, als die Stellung und Thätigkeit der Aerzte während des Mittelalters, hauptsächlich im Abendlande.

Daß bei den Kathedralen und Klöstern die ärztliche Hülfe denen, die ihrer bedurften, von heilkundigen Mönchen und Nonnen zu Theil wurde, bedarf des Beweises nicht. In der Regel erhoben sich freilich diese ärztlichen Leistungen gewiß nur wenig über das Maaß der gewöhnlichen Volksmedicin, wie es mehrere von Mönchen und Nonnen herrührende Schriften jener Zeit bezeugen.[118] Allerdings begegnen wir hier und da auch einzelnen Geistlichen, deren ärztliches Wissen über den allgemeinen Standpunkt ihrer Zeit weit hinausragt, wie z. B. dem Bischof Masona von Merida. In späterer Zeit, ungefähr seit dem dreizehnten Jahrhundert, war höhere ärztliche Bildung gewiß auch unter dem

Klerus ziemlich allgemein verbreitet, und wir finden z. B. erwähnt, daß von einzelnen Klöstern Mönche nach Paris geschickt wurden, um an der dortigen Universität Medicin zu studiren; gewiß zunächst um sich den Pflichten des »Infirmarius« mit möglichstem Erfolge widmen zu können.

Am dürftigsten sind unsre Kenntnisse über die ärztliche Pflege, welche den Hülfsbedürftigen in Xenodochien und Nosokomien zu Theil wurde. In den Anstalten, welche im engeren Sinne den ersteren Namen führen, dürfen wir kaum erwarten, eigentliche Aerzte anzutreffen. Ihre Thätigkeit würde hier nur in vereinzelten Fällen erforderlich gewesen seyn, für welche die Erfahrung der übrigen Pfleger in der Regel ausreichte. Wirklich wird auch in den eigentlichen Xenodochien niemals besonderer Aerzte gedacht; von einer der größten Anstalten, dem heiligen Geist-Hospital zu Lübeck, ist gewiß, daß es bis zum Ende des achtzehnten Jahrhunderts keinen eigenen Arzt oder Wundarzt besaß.[119]

Daß sich schon in den ältesten christlichen Krankenhäusern des Orients tüchtige, zum Theil ausgezeichnete Aerzte befanden, ist bei der hohen Blüthe der griechischen Heilkunde in jener Zeit als gewiß anzunehmen.[120] Aber in vielen Fällen begnügte man sich gewiß selbst in den Nosokomien mit einem bescheidenen Maaße der ärztlichen Leistungen. Selbst in dem großen Krankenhause des Masona zu Merida werden die Parabalanen „Aerzte" (medici) genannt, um anzudeuten, daß die Personen, welche die ärztliche Hülfe leisteten, kein Bedenken trugen, auch den Gott-gefälligen Dienst der Parabalanen zu verrichten. — Etwas genauere Nachrichten besitzen wir über die Thätigkeit der Aerzte in dem berühmten Hospital des heiligen Johannes zu Jerusalem, der Pflanzstätte des Johanniter-Ordens. Aber auch hier erfahren wir im Wesentlichen nur, daß vier Aerzte und eben so viele Wundärzte angestellt waren, und daß man von den ersteren vorzüglich die genaue Kenntniß der Uroskopie und die Zubereitung der Syrupe, der wichtigsten Arzneiform der arabischen Heilkunde, erwartete.

Zur Unterhaltung der Xenodochien und Krankenhäuser,

wie aller übrigen frommen Stiftungen, war zunächst der Ertrag der ihnen gehörenden Grundstücke, Schenkungen u. s. w. bestimmt. In der Geringfügigkeit dieser Einnahmequellen während der ersten christlichen Jahrhunderte liegt eine der Hauptursachen des anfänglichen Fehlens solcher Anstalten. Der größte Zuwachs wurde ihnen in dieser Beziehung unter den ersten christlichen Kaisern, vor Allem durch die Einziehung der reichen Güter der heidnischen Tempel zu Theil.

Schon Gratianus hatte im Jahre 382 die Gehalte der Vestalinnen und das Vermögen derselben für die Staatskasse eingezogen.[121] Die erste eigentliche Säcularisation erfolgte unter Arcadius und Honorius im Jahre 407. Die Jahreseinkünfte der Tempel sollten dem allgemeinen Unterstützungsfond zufallen und vorzugsweise verdienten Soldaten zu Gute kommen.[122] Noch eingreifender war das Säcularisationsedict von Honorius und Theodosius II. vom Jahre 415.[123] Es ist an die Einwohner von Carthago gerichtet und gebietet allen heidnischen Priestern von Afrika, in ihre Heimath zu gehen. Die Liegenschaften der Tempel und der Grundbesitz der heidnischen Priesterschaften sollen, nach der schon von Gratianus gegebenen Bestimmung, mit den Krongütern »compendia domus nostrae« vereinigt werden.

Vorzüglich eifrig für das Gedeihen der frommen Stiftungen zeigte sich Justinian, indem er durch besondere Gesetze die Sklaven, die Gefangenen, die Findelkinder, die Armen überhaupt, hauptsächlich die den Wohlthätigkeits-Anstalten zufallenden Vermächtnisse in Schutz nahm.[124] — Aehnliche Begünstigungen wurden denselben von den ersten christlichen Herrschern des Abendlandes verwilligt. Später wurden diese Verhältnisse immer mehr geregelt. Schon das Concilium von Avranches bestimmte (im Jahre 816) für die Erhaltung der Xenodochien, Hospitäler u. s. w. bei den Klöstern und geistlichen Stiften den Zehnten des Einkommens aus den zu ihnen gehörigen Ortschaften, dann einen Theil des Ertrags der geistlichen Güter selbst, je nach deren Vermögen, und endlich den zehnten Theil der sonst eingehenden frommen Spenden.[125] Diese

Bestimmungen wurden auf der Synode zu Aachen (im Jahre 876) erneuert.

Die oberste Leitung und die Verwaltung des Vermögens der milden Stiftungen war in der frühesten Zeit ohne Ausnahme, und in der Regel auch später, in den Händen der Kirche. Denn auch wo dies ursprünglich nicht der Fall war, hatte dieselbe aus vielen Gründen alle Ursache, jene Stiftungen ihrer Beaufsichtigung und Leitung zu unterwerfen. Bereits im Jahre 850 wurde durch das Concil von Padua festgesetzt, daß die oberste Beaufsichtigung der Hospitäler den Bischöfen obliegen solle, und zwar eben so wohl derjenigen Anstalten dieser Art, welche bereits von ihren Begründern einer solchen Aufsicht übergeben worden waren, als derjenigen, welche nach ihrer Stiftungsurkunde von Laien oder geistlichen Corporationen verwaltet wurden. Aber auch an Klagen über widerrechtliche Besitzergreifung und Veruntreuung der Hospitalgüter fehlte es nicht. Schon auf dem Concilium von Avranches wurde Beschwerde über hochgestellte Geistliche geführt, welche die frommen Stiftungen zu Pfründen mißbrauchten[136] und das Concilium von Meaux (im Jahre 845) nennt einzelne derselben sogar ihrem Zwecke gänzlich entfremdet.[137] Dieselben Klagen wiederholten sich auf den Concilien von Arles (im Jahre 1240), von Ravenna und Vienne (1311) in so dringender Weise, daß Clemens V. sich veranlaßt sah, die Verwaltung einzelner dieser Anstalten den Händen von Laien anzuvertrauen. Freilich schützte auch das nicht vor Beeinträchtigungen. Namentlich verwendeten die Vorsteher einzelner weltlicher Krankenpfleger-Orden die reichen Einkünfte oft mit der größten Willkür, und diese Ungebühr wurde zu einer der wichtigsten Ursachen der Aufhebung der meisten von ihnen. Zu um so größerem Ruhme gereicht es den weiblichen Krankenpflegerschaften, sich fortwährend von allen derartigen Mißbräuchen frei erhalten zu haben.

Die Einrichtung der Leproserieen endlich war gewiß von der der Xenodochien nur wenig verschieden, da man bei dem allgemeinen Glauben an die Unheilbarkeit des Aussatzes kaum daran dachte, Kurversuche anzustellen. Die Insassen der Aussatzhäuser befolgten ebenfalls eine Art von klösterlicher Regel; sie entsagten der Ehe; der gesunde Ehegatte mußte entweder in ein Kloster gehen, oder, wenn er bereits im vorgerückten Alter stand, ebenfalls das Gelübde der Enthaltsamkeit ablegen. Außerdem trugen die Leprösen eine Art von geistlicher Kleidung, und verzichteten auf den größeren Theil ihres Vermögens. In den ansehnlicheren Anstalten waren mehrere Geistliche angestellt, was zum Ueberflusse bezeugt, daß man die Ansteckung nicht in dem Grade fürchtete, als gewöhnlich geglaubt wird.

Die Krankenpflegerschaften.

Die Ursprünge der christlichen Verbrüderungen zur Krankenpflege sind eben so alt und eben so einfach, als die aller wohlthätigen Anstalten überhaupt. Man könnte ohne Schwierigkeit beweisen, daß Verbindungen zur Erreichung gemeinsamer Zwecke bereits bei den Alten bestanden, und daß sie vielleicht, wenigstens ihrer Form nach, den christlichen Einrichtungen zum Vorbilde dienten,[128] wenn es einer andern Erklärung bedürfte, als des dem Menschen angeborenen Triebes, sich zu guten und schlimmen Dingen mit gleichgesinnten Genossen zu vereinigen.

Als die Wurzel der frommen Pflegerschaften erscheint deshalb in der frühesten christlichen Zeit die Gemeinde selbst, in ihr die Diakonen, die Schwesterschaft der Wittwen, die Parabalanen, das Mönchthum. Dennoch ist, ungeachtet dieser ursprünglichen Verbindung mit der Kirche, die Zahl der im strengeren Sinne geistlich zu nennenden Pflegerschaften verhältnißmäßig gering gewesen. Der Grund hiervon ist offenbar genug. Die strenge Abgeschiedenheit des klösterlichen Lebens, die Beschaulichkeit des Mönchthums, welche sich hauptsächlich dem eigenen Innern zuwendet, ist mit einer ununterbrochen nach außen gerichteten Thätigkeit, mit der unablässigen Sorge um fremde Leiden, nicht vereinbar. — Um so zahlreicher sind die Verbrüderungen zur Pflege der Armen und Kranken, welche wir seit früher Zeit, hauptsächlich im Abendlande, aus dem Volke, d. h. für jene Zeit aus den Reihen der Laien und Ungelehrten, aus dem Stande der Ritter und der Bürger hervor, zu tief eingreifender Bedeutung sich entwickeln sehen.

Für viele dieser Genossenschaften bedarf es künstlicher Erklärungsversuche nicht: Eine große Zahl derselben entwickelte sich aus und mit den Xenodochien. In der Regel traten die Gründer solcher Anstalten selbst auch als die ersten Pfleger ein, oder sie stifteten gleichzeitig mit dem Hause auch eine Genossenschaft der Pflegenden.

Viele dieser Genossenschaften bilden dagegen ein wesenliches Glied in der großen Reihe der Laien-Verbrüderungen, welche sich im Mittelalter zu den verschiedensten Zwecken mit einander verbanden, und sie können, wie viele von jenen, in ihrer ganzen geschichtlichen Bedeutung nur dann erkannt werden, wenn man versucht, sie mit tiefer liegenden Regungen im Leben des Mittelalters zu verknüpfen.

Vor Allem trennen sich die Krankenpflegerschaften in ritterliche und bürgerliche, wenn auch der erste Ursprung keiner von ihnen von solcher Trennung nach dem Unterschiede des Standes etwas weiß. — Die ersteren sehen wir als eine Frucht der Kreuzzüge sich entwickeln. In den Kreuzzügen aber gelangt die Romantik des Ritterthums, dessen Aufgabe es ist, die Güter der Ehre, der Tugend und des edleren Lebensgenusses durch Tapferkeit, Frömmigkeit und keuschen Frauendienst zu erringen und zu beschützen, zu ihrer höchsten Blüthe. Auf die Elemente aber, welche in dem Ritterwesen, in den Kreuzzügen insbesondere, der Uebermacht der Kirche widerstreben, ist schon oft aufmerksam gemacht worden. Die Kirche nicht weniger als der Feudalismus hatten alle Ursache zu der Besorgniß, daß das von ihnen selbst zum Kampfe gegen die Feinde Christi geschärfte Schwert des Ritterthums dereinst sich erheben könne gegen die Bedrückung der Kirche und die Despotie der weltlichen Macht. Die Geschichte der Ritterorden, vor allen der Templer, lehrt zur Genüge, daß diese Besorgnisse nicht ohne Grund waren.

Aber noch weit mehr gehören viele von den nicht-ritterlichen Laien-Verbrüderungen des Mittelalters zu den Zeichen, welche dafür sprechen, daß auch das Volk, ungefähr seit dem zwölften Jahrhundert, anfing zur Freiheit zu erwachen. Bis dahin hatte die Kirche über die Gemüther als unmündige und willenlose Werkzeuge gewaltet. Nun aber sehen wir überall den Trieb sich regen, solcher Bevormundung sich zu entziehen. Wir sehen, wie das Volk versucht, sich Einrichtungen zu schaffen, in denen es vermöchte, frei und selbständig seinem Gott zu dienen, und sich durch Werke der Buße und der Tugend den höheren Aufgaben des Lebens zu widmen. Auf diese Weise treten die frommen Verbrüderungen vielfach in nahe Beziehung mit Erscheinungen, welche die Kirche als ketzerische verfolgt, z. B. mit den Fahrten der Geißelbrüder, und mit andern Regungen der selbsteigenen frommen Werkthätigkeit.

Die Formen der frommen Verbrüderungen, die das Volk sich schuf, konnten anfangs keine andern als die altgewohnten der Kirche und des klösterlichen Lebens seyn. Denn eine lange Zeit hindurch sind die Gründer und Genossen derselben des eigentlichen Wesens ihres Unterfangens noch so wenig sich bewußt, daß sie sich freiwillig unter die Obhut der Kirche stellen. Und wo es nicht geschieht, da findet diese leicht die Mittel, sich die Vormundschaft über dieselben zu verschaffen. Sobald aber die Absicht der Emancipation sich deutlicher verräth, oder gar entschiedener Widerstand sich zeigt, da werden die neuen Bestrebungen sofort auch als ketzerische verfolgt und mit aller Macht unterdrückt. Deshalb sind viele dieser Verbrüderungen, gleich denen der Geißler, der Brüder vom gemeinsamen Leben, der Beguinen und Begharden, nur dann vollständig zu begreifen, wenn sie als reformatorische Bestrebungen aufgefaßt werden. — Aus diesem Grunde ist es nicht ohne tiefere Bedeutung, daß wir mehrere der genannten Erscheinungen sich in Belgien entwickeln und zu größerer Wirksamkeit gelangen sehen; einem Lande, in welchem von jeher ein freies Volksleben sich kräftig geäußert hat. So bringt denn auch im Jahre 1630 Bischof Malderus von Antwerpen in einem Gutachten über die Beguinen die Einrichtungen derselben mit der Liebe des belgischen Volkes zur Freiheit ausdrücklich in Verbindung.[129]

Im Uebrigen gilt von der Geschichte der Krankenpflegerschaften dasselbe, was von der der Hospitäler gesagt worden ist: der Nutzen einer erschöpfenden Darstellung derselben würde den Mühseligkeiten einer solchen Darstellung gegenüber äußerst gering seyn. Hierzu kommt, daß bereits mehrere Schriftsteller, vor allen Helyot, versucht haben, jene Aufgabe zu lösen, obschon freilich der wichtigste Theil der letzteren, die Schilderung des inneren Lebens jener Verbindungen, am wenigsten berücksichtigt worden ist.

In der nachfolgenden Darstellung sollen zuerst die wichtigsten von den ritterlichen Pflegerschaften, dann die bedeutendsten von den übrigen geistlichen und weltlichen Verbrüderungen dieser Art besprochen werden.

Die ritterlichen Krankenpfleger-Orden.

Die Johanniter.

Die Anfänge des Johanniter-Ordens sind so gering und klein gewesen, daß sie darin nur durch den deutschen Orden übertroffen worden sind. Und doch sind der Ursprung und der Fortgang von beiden durch vieler unablässiger Forscher Fleiß so offenbar und allgemein bekannt geworden, daß es hinreichend ist, des Wichtigsten von der äußeren Geschichte derselben zu gedenken.

Die frommen Pilger, welche seit den ersten Jahrhunderten des Christenthums zu dem Grabe des Erlösers wallfahreten, erlitten auch dann, als das heilige Land den Arabern unterthan wurde, kein Ungemach. Um so schwerer lag auf den christlichen Bewohnern und den Wallfahrern seit dem Jahre 1073 das Joch der türkischen Herrschaft. Der Eintritt in Jerusalem wurde den Christen nur gegen eine bedeutende Abgabe gestattet, und da die griechischen Christen eben so wenig als die Ungläubigen sich ihrer abendländischen Brüder erbarmten, so blieb diesen, wenn sie erkrankten oder in Noth geriethen, kaum eine Wahl als Sklaverei oder Hungertod.

Eine Zufluchtsstätte war indeß den abendländischen Pilgern ungefähr schon seit dem Jahre 1048 durch Kaufleute von Amalfi in Unter-Italien bereitet worden. Durch reiche Geschenke erhielten sie von den Herren des Landes die Erlaubniß, unweit des heiligen Grabes im Quartier der Christen eine Kapelle und eine Herberge zur Aufnahme abendländischer Wallfahrer zu erbauen. Die erstere erhielt, um sie von den Kapellen der Griechen und anderer christlicher Sekten zu unterscheiden, den Namen Santa Maria della Latina, und wurde Benedictinern übergeben. Neben der ersten Herberge entstanden nach kurzer Zeit noch zwei andere, zur Verpflegung von Gesunden und Kranken beiderlei Geschlechts. Zu diesen Stiftungen kamen sodann noch zwei Kapellen, deren eine dem heiligen Johannes dem Barmherzigen von Alexandrien, die zweite, von der Römerin Agnes gegründet, der heiligen Magdalena geweiht war.

In der ersten Zeit wurden diese Stiftungen durch die Almosen erhalten, welche jene Kaufleute von Amalfi in den italienischen Städten einsammelten. Die Menge derer aber, die in jenen Anstalten der Pflege ihrer hülfsbedürftigen Brüder sich widmeten, wuchs so sehr heran, daß sie schon im Jahre 1099 dem Heere Gottfried's von Bouillon bei der Eroberung Jerusalems wesentliche Dienste zu leisten vermochten. Zum Danke dafür und für die treue Pflege der verwundeten und kranken Krieger beschenkte Gottfried das Hospital mit der Herrschaft Montboire in Flandern.

Besonders ansehnlichen Zuwachs erhielt das Hospital durch den Eintritt einer Anzahl junger Edelleute aus dem Heere der Kreuzfahrer. In Folge dessen beschloß der damalige „Rector"[130] des Hospitals, Gerhard Tom, die bisherige Verbindung des Hospitals mit der Abtei Santa Maria della Latina aufzulösen, und eine selbständige Verbrüderung zu Ehren des heiligen Johannes des Täufers zu gründen. Der Patriarch und die übrigen Bischöfe von Jerusalem sträubten sich auf das heftigste gegen diesen Plan; es kam sogar, wie ebendaselbst noch in unsern Tagen, an heiliger Stätte zu blutigen Kämpfen; dennoch erwiesen sich alle Bemühungen der Gegner des neuen Ordens in Rom als vergeblich. Es wurde demselben im Jahre 1113 durch Papst Paschalis II. die Bestätigung, und seinen Besitzungen die Vorrechte der milden Stiftungen zuerkannt. Die Ordensbrüder hatten am Fuße des heiligen Grabes die drei geistlichen Gelübde, der Armuth, der Keuschheit und des Gehorsams, abzulegen, und wurden mit einem einfachen schwarzen Ordenskleide versehen, an dessen linker Seite sich ein weiß-leinenes Kreuz befand. — Der neue König von Jerusalem verlieh dem Orden ganze Herrschaften im Gebiete der Stadt und der eroberten Provinzen; Könige, Fürsten und Herren wetteiferten, demselben Geschenke und Vermächtnisse darzubringen.

Auf diese Weise gelang es dem Orden sehr bald, seine segensreiche Wirksamkeit nicht blos auf die Besitzungen der Christen im Orient, sondern auch auf viele Theile des Abendlandes auszudehnen. Es entstanden Ordenshäuser in den bedeutendsten Seestädten von Europa, zu Messina in Sicilien, Taranto in Apulien, St. Giles in der Provence, Sevilla in Andalusien, alle zunächst dazu bestimmt, den zum gelobten Lande ziehenden Pilgern und Kriegsleuten Herberge und Verpflegung darzubieten.[131]

Ein neuer Abschnitt in der Geschichte der Johanniter beginnt mit Raymund de Puy (de Podio) aus der Dauphiné, einem der vormals in den Orden eingetretenen jungen Edelleute. Nach dem Tode Tom's (im Jahre 1118) wurde Raymund einstimmig zum Rector gewählt. Er selbst nannte sich aber fortan „Knecht der Armen Jesu Christi und Meister des Hospitals zu Jerusalem." Sein Bildniß in dem Werke Helyot's zeigt einen ehrwürdigen Greis im Priestergewande, auf der Brust das weiße achteckige Kreuz, an der Seite das Schwert, in den Händen Crucifix und Rosenkranz.

In Folge des Ueberflusses von Menschen und Geld, welche dem Orden zu Gebote standen, beschloß Raymund die Wirksamkeit desselben dadurch zu erweitern, daß zu der christlichen Pflicht der Pflege der Armen und Kranken das ritterliche Werk der Bekämpfung der Ungläubigen hinzutrat. — Damit war der erste Schritt geschehen zu der großen weltlichen Macht, zu welcher von nun an der Orden sich aufschwang, aber auch der Keim gelegt zu der Entfremdung von seiner ursprünglichen Aufgabe und zu seinem Untergange.

Nach der Verfassung, welche Raymund dem Orden gab, mußte Jeder, der in denselben eintrat, mindestens dreizehn Jahre zählen, kräftigen Körpers, reiner Sitten und makelloser Herkunft seyn; er durfte keinem Menschen sich durch einen Eidschwur verpflichten, keinem andern Orden angehören, und niemals gegen christliche Streiter das Schwert ziehen. — Die Ordensbrüder schieden sich in Ritter, denen nebst der Waffenführung die Pflege der Bedrängten oblag. Sie hatten außer den allgemeinen Erfordernissen noch die Probe auf acht Ahnen, je vier vom Vater und der Mutter, abzulegen. Später wurden zwar auch Ritter unehelicher Geburt aufgenommen, aber nur solche, die von Fürsten oder Grafen und von freien Müttern stammten; die höheren Aemter des Ordens blieben ihnen unzugänglich. — Die geistlichen Brüder (capellani oder presbyteres) verwalteten in Krieg und Frieden das Amt des Priesters und Almoseniers. — Der dienenden Brüder (fratres servientes) Pflichten waren, mit Ausschluß der Ahnenprobe, denen der Ritter gleich. Auf ihnen ruhte gar bald ausschließlich die ursprüngliche Pflicht Aller, die Pflege der Bedrängten. — Allen Brüdern waren sodann fleißiger Besuch der Kirche, zahlreiche Gebete, häufiger Genuß des Abendmahls, Theilnahme an den Umgängen und gemeinsamen Mahlzeiten geboten. Die Ordenskleidung durften sie nie ablegen, niemals allein, sondern stets zu zwei oder drei öffentlich sich zeigen. Auf der Kleidung ward das bisherige rechtwinklige weiße Kreuz in das achteckige, zum Sinnbilde der acht ritterlichen Tugenden, umgestaltet. Im Felde trugen sie über der Rüstung den rothen Waffenrock, auf ihm vorn und am Rücken in der ganzen Länge herab das alte gerade Ordenskreuz.

Von der größten Bedeutung für diejenigen Verhältnisse in der Geschichte des Ordens der Hospitaliter vom heiligen Johannes zu Jerusalem, welche uns vorzugsweise beschäftigen, ist Roger de Moulins, der achte Hospitalmeister, durch die von ihm im Jahre 1181 entworfenen und auf uns gekommenen Statuten des Ordens, welche die wichtigsten Aufschlüsse über die Krankenpflege desselben enthalten.

In diesen Statuten, welche sich im Anhange von Neuem abgedruckt vorfinden,[132] wird nächst der Einrichtung eines geordneten Kirchendienstes vor Allem bestimmt, daß vier tüchtige Aerzte (mièges sages) besoldet (louez) werden sollen, vertraut mit der Uroskopie und (nach einem späteren Zusatze) mit der Bereitung der Syrupe. Daß diese besoldeten Aerzte nicht Ordensbrüder waren, geht auch daraus hervor, daß Papst Lucius III. die Anstellung von vier Aerzten und, wie nun hinzugefügt wird, von vier Wundärzten für das Hospital zu Jerusalem ausdrücklich bestätigte.[133]

Demnächst wird bestimmt, wie es mit den Lagerstätten der Kranken, den im Hospitale von Pilgerinnen geborenen Kindern, der Beerdigung der Todten gehalten werden soll. Es sollen ferner die Oberen (comandeors de maison) und die Brüder den Kranken mit gutem Muthe, ohne Klagen und ohne Murren dienen. Ferner ergiebt sich, daß das Hospital von Frankreich und das von St. Gilles gehalten waren, die für die Kranken (seignors povres) nöthigen baumwollenen Decken, die Prioren von Italien, Pisa und Venedig je zweitausend Ellen Barchent, der Prior von Montpellier den zur Bereitung der Syrupe und Latwergen nöthigen Zucker (zwei „Quintaux"), der von Constantinopel zweihundert Filzdecken (feautres) jährlich zu liefern. Ferner mußten, außer den Wachen, Tag und Nacht Diener bereit seyn, der Kranken zu warten. Dreimal wöchentlich sollten die Kranken frisches Schweine- oder Hammelfleisch, nach Umständen auch Hühnerfleisch, erhalten, ferner sollten je zwei Kranke sich eines gemeinsamen Pelzes (zu welchem Behufe das Hospital jährlich tausend Lammfelle gebrauchte) und gemeinsamer Fußbekleidung bedienen. Zu diesem Zwecke beschäftigte das Hospital zwei Schneider und einen Schuhmacher nebst vier Gehülfen. Fünf Priester sollen ferner jede Nacht für die Wohlthäter des Hauses beten, täglich dreißig Arme beköstigt, und an drei Tagen der Woche außerdem den Bedürftigen Wein, Brod und Speisen gespendet werden. In der Fastenzeit soll sodann jeden Sonnabend an dreizehn Armen die Fußwaschung verrichtet und dieselben mit Kleidern und Geldgeschenken versehen werden. Nicht minder sollen die aus der Gefangenschaft im Hospitale Anlangenden ein Almosen erhalten, alle von ihren Aeltern verlassenen Kinder im Hospitale Aufnahme finden, ja sogar arme Brautpaare auf dessen Kosten verheirathet werden.

Es waren mithin schon zu Ende des zwölften Jahrhunderts der Wirkungskreis der Anstalt, die Zahl der Hülfesuchenden, aber auch die ihr zu Gebote stehenden Mittel äußerst beträchtlich. Und wenn es verstattet ist, aus der Anzahl der angestellten Aerzte einen Schluß auf die durchschnittliche Menge der Kranken zu machen, so wird angenommen werden dürfen, daß diese mindestens drei- bis vierhundert betragen habe.

Der außerordentliche Zuwachs des Ordens veranlaßte schon unter Raymund de Puy zu einer Eintheilung der Mitglieder nach den verschiedenen Nationen oder „Zungen". Dieser waren, wenigstens in späterer Zeit, acht: Auvergne, Frankreich, Italien, Arragonien nebst Catalonien oder Navarra, Castilien nebst Portugal, Deutschland mit England. Die Vorsteher der „Zungen" hießen Anfangs Prioren, später Großprioren. Jedes Großpriorat zerfiel alsdann in Priorate, Balleien und Commenden. Statt der Namen Prior und Großprior wurden später, nachdem der Orden einen vollständig militärischen Charakter angenommen hatte, die Bezeichnungen Comthur und Großcomthur gebräuchlich. Aus Roger's Statuten geht hervor, daß jede „Zunge" zu besonderen Lieferungen an das Mutter-Hospital zu Jerusalem verpflichtet war.[134]

So mehrten sich der Umfang, die Reichthümer und die Macht des Ordens mit jedem Tage, aber es trat auch seine ursprüngliche Aufgabe, die Pflege der Armen und Kranken, so sehr zurück, daß sie fast gänzlich den dienenden Brüdern überlassen blieb, während die Ritter der Schwelgerei und Wollust fröhnten.[135] Hierzu kam die bittere Feindschaft mit dem ungefähr gleichzeitig gegründeten Orden der Tempelherren, die unaufhörlichen Fehden mit den Saracenen, der Verlust Jerusalem's an Sultan Saladin (3. Oct. 1187). Den Hospitalitern gestattete der edle Sieger noch ein Jahr bis zur Herstellung ihrer Kranken in Jerusalem zu verweilen; der Rest der Ritter zog sich nach Margat in Phönicien, später nach Ptolemais zurück. Die Schwestern des Ordens, von deren stiller, aber gewiß unendlich segensreicher Wirksamkeit im heiligen Lande sich leider keine schriftliche Ueberlieferung erhalten hat, verließen dasselbe für immer, und gründeten in Spanien ein neues Ordenshaus.

Ueber das, was der Johanniter-Orden seit dem ersten Verluste von Jerusalem bis zu seiner gänzlichen Vertreibung aus dem heiligen Lande (im Jahre 1292) für seine ursprünglichen Aufgaben geleistet, ist undurchdringliches Dunkel verbreitet. Eine einzige Nachricht vom Jahre 1193 spricht dafür, daß auch nach dem Verluste von Jerusalem das Johanniter-Hospital fortbestanden habe.[136] Die Geschichte des Ordens weiß, seitdem er auf der Insel Cypern, dann auf Rhodus (im J. 1309), dann auf Malta (im J. 1530) sich niederließ, fast nur von den heldenmüthigen Kämpfen desselben gegen die Ungläubigen, fast Nichts von friedlichen Thaten des Erbarmens zu berichten. Der schon lange vorbereitete Verfall des Ordens kam immer mehr zu Tage, je weniger er selbst seinen kriegerischen Aufgaben sich zu widmen Gelegenheit fand. Im Jahre 1798 bemächtigte sich Napoleon durch Verrath und ohne Widerstand zu finden der Insel Malta, und der letzte Großmeister, Ferdinand von Hompesch, der einzige Deutsche, der zu dieser Würde gelangte, starb, gleich dem einst so stolzen Orden, in Dunkel und Vergessenheit.

Ueber die Geschichte der einzelnen Zungen des Johanniter-Ordens ist, mit Ausnahme der deutschen, nur wenig bekannt. In Spanien ließ sich derselbe schon im Jahre 1176 nieder, und erlangte unter dem Namen der Ritter von San Jago Calatrava y Alcantara große Wichtigkeit; in Ungarn fanden die Johanniter schon im Jahre 1192 Eingang. — In England bildete Coventry den Hauptsitz des Ordens, welcher schon im Jahre 1221 wichtige Privilegien erlangte.

Die größte Wichtigkeit unter den deutschen Comthureien hat die Ballei Sonnenburg oder das Heermeisterthum Brandenburg gehabt, indem das letztere in unsern Tagen zu der Erneuerung und Umgestaltung des Ordens in Preußen geführt hat.

Der Gründer des Johanniter-Ordens in Preußen ist Markgraf Albrecht der Bär. Auf seiner Pilgerfahrt zum heiligen Lande (1158) hatte derselbe von den edeln Zwecken des Ordens, der damals noch in unbefleckter Reinheit blühte, Kenntniß erlangt. Nach seiner Rückkehr in die Heimath schenkte er demselben in dem Städtchen Werben an der Elbe eine Kirche, die nöthigen Einkünfte, und fügte dazu den Bau eines Hospitals. Bei dieser Gründung leitete den edeln Fürsten nicht weniger der fromme Drang zur Linderung menschlicher Leiden, als die Rücksicht darauf, daß Werben ein wichtiger Grenzpunkt gegen die nur halb bezwungenen Wenden war. — Aehnliche Beweggründe vermochten die Grafen von Mecklenburg, der neuen Comthurei und ihren tapfern Rittern Vorschub jeder Art zu gewähren.

In derselben Zeit war der Johanniter-Orden auch in der Mark Brandenburg bereits zu hoher Blüthe gelangt; neben ihm war der Orden der Tempelherren zu Besitz und Einfluß gediehen, und beide leisteten den Markgrafen und den Herzögen von Pommern in ihren Eroberungszügen gegen die polnischen Fürsten wesentliche und reichbelohnte Dienste. Mit dem Untergange des Templer-Ordens (1308) ging ein großer Theil seines Besitzes und seiner Macht durch den Spruch des Papstes an die Johanniter über. — Die vielfach angefochtene Wahl Fulko's von Villaret, eines stolzen und schwelgerischen Mannes, zum Großmeister wurde besonders von den deutschen Rittern so gemißbilligt, daß sie sich im Jahre 1323 völlig von den Rhodisern trennten, die vom Orden völlig unabhängige Ballei Brandenburg gründeten, dieselbe unter das Patronat der Markgrafen von Brandenburg stellten, und Gebhard von Bortfeld zum Johanniter-Heermeister in der Mark erwählten. Erst im Jahre 1382 kam eine Wiedervereinigung mit dem Orden zu Stande; es wurden aber der Ballei Brandenburg so bedeutende Vorrechte eingeräumt, daß sie fast als eine unabhängige Gemeinschaft gelten konnte.

Die Mitglieder des Heermeisterthums Brandenburg sind niemals ihrer ritterlichen und christlichen Pflichten uneingedenk gewesen; sie haben insonderheit die Stiftung von Krankenhäusern als eine ihrer Hauptaufgaben betrachtet.

Seit der Reformation finden wir zu Heermeistern nicht selten Protestanten, ja verehelichte Ritter gewählt, häufig erscheinen als Heermeister die Markgrafen von Brandenburg. Der dreißigste und letzte von diesen war Prinz August Ferdinand von Preußen, dem zu Anfang dieses Jahrhunderts Prinz Friedrich Heinrich Carl als Coadjutor zur Seite trat.

Durch das Edikt vom 30. October 1810 und vom 23. Januar 1811 wurde mit der Einziehung der geistlichen Güter auch die Ballei Brandenburg aufgelöst, und ihre Güter vom Staate eingezogen. Aber diese Auflösung sollte nur als Mittel dienen, die noch vorhandenen lebensfähigen Keime des durch die Länge der Zeit und zahlreiche Mißbräuche fast abgestorbenen Ordens zu einem neuen Daseyn zu erwecken. Des hochseligen Königs Friedrich Wilhelm III. Majestät errichtete bereits durch die Allerhöchste Cabinets-Ordre vom 23. Mai 1812 den „Königlichen Johanniter-Orden“ „zu einem ehrenvollen Andenken der nunmehr aufgelösten und erloschenen Ballei des St. Johanniter Ordens“; noch mehr aber ist der so erneuerte Orden seiner ursprünglichen Bestimmung wieder zugeführt worden durch die Allerhöchste Cabinets-Ordre Sr. Majestät des Königs Friedrich Wilhelm IV. vom 15. October 1852, in welcher die Ballei Brandenburg wieder hergestellt und die von den Mitgliedern derselben zu erhebenden Eintritts- und Beitragsgelder dazu verwendet werden, Kranken-Anstalten zu gründen und zu unterhalten. — Unter den nach altem Brauche von dem Ordenskapitel präsentirten Rittern ward von Sr. Majestät des Prinzen Karl von Preußen Königliche Hoheit zum „Herrenmeister der evangelischen Ballei Brandenburg des ritterlichen Hospitaliter-Ordens von St. Johannes von Jerusalem“ erwählt. Hiernächst hat der Orden bereits zu Jüterbogk ein Krankenhaus, zu Bukarest eine Diakonissen-Anstalt gegründet; ähnliche Gründungen sind an andern Orten vorbereitet, und es steht unter dem Schutze seines Königlichen Protectors und der Leitung seines erhabenen Meisters der durch den Geist der Liebe, zunächst in seinen Brüdern, neubelebte Orden einer segensreichen Zukunft entgegen.

Die Johanniterinnen.

Die Schicksale der Schwestern des Johanniter-Ordens sind so dunkel, daß von der Mehrzahl der Schriftsteller ihrer entweder gar nicht oder nur oberflächlich gedacht wird. Das Wahrscheinlichste von der Geschichte dieser edeln Hospitaliterinnen ist, hauptsächlich nach den Angaben Helyot's, Folgendes.

Gleichzeitig mit dem Hospitale des heiligen Johannes wurde bei der Kirche Santa Maria della Latina zu Jerusalem ein Hospital für Frauen gegründet und der heiligen Magdalena geweiht. Die Pflegerinnen dieses Hospitals lebten im Allgemeinen nach der Regel der Johannesbrüder. Im Jahre 1099 war die Römerin Agnes, welche zuweilen als die Gründerin bezeichnet wird, Superiorin der Ordensschwestern.

Auch die Johanniterinnen scheinen sich schon früh weit verbreitet zu haben. Schon im Jahre 1182, also noch vor der Vertreibung des Ordens aus Palästina, wurden in England fünf oder sechs ihrer Ordenshäuser zu einem einzigen, dem von Buckland, verschmolzen, welches bis zur Reformation bestanden hat.

Nach der Einnahme Jerusalems durch Sultan Saladin im Jahre 1187 wendeten sich die Johanniterinnen, wie es scheint, vorzugsweise nach Spanien. Dort gründete wenigstens kurze Zeit nach dem genannten Ereigniß die Königin Sancha, Tochter des Königs Alphons von Castilien und Gemahlin Alphons II. des Keuschen, von Arragon, zu Sirena, zwischen Saragossa und Lerida, ein Kloster der Johanniterinnen zur Aufnahme armer adeliger Mädchen. Die höchst ungesunde Lage dieses Klosters veranlaßte später unter Gregor XIII., daß den kranken Schwestern erlaubt wurde, anderwärts zu wohnen; die Verstorbenen mußten indeß sämmtlich zu Sirena begraben werden.

Zu den bisherigen Ordensregeln der Johanniter wurden einige der Regel des heiligen Augustin entlehnte Bestimmungen hinzugefügt. Die adelige Herkunst der Aufzunehmenden mußte ferner so unzweifelhaft seyn, daß es überflüssig erschien, sie der Ahnenprobe zu unterwerfen. Sie verpflichteten sich, für das Gedeihen des Johanniter-Ritter-Ordens zu beten, und im Dienste des Hospitals Werke der Barmherzigkeit zu üben. Die Ordenskleidung war Anfangs der der Johanniter-Ritter gleich, roth mit dem achteckigen weißen Kreuze; später, nach dem Verluste von Rhodus, trugen die Schwestern zum Zeichen der Trauer nur schwarze Kleidung.

Das Kloster war bis zum Jahre 1470 der Oberleitung des Großmeisters der Johanniter unterworfen. Von der angegebenen Zeit an entzogen sich die Johanniterinnen diesem Verhältniß, um sich unmittelbar dem päpstlichen Stuhle unterzuordnen. Hundert Jahre später wurde indeß die frühere Verbindung insofern wieder hergestellt, daß die Schwestern jedem neuen Großmeister durch einen Bevollmächtigten den Eid der Treue leisteten, und dem Schatze des Ordens ein silbernes Gefäß verehrten. — Zu Helyot's Zeit war das Kloster von Sirena eins der berühmtesten und reichsten in Spanien. Häufig diente es Prinzessinnen als Zufluchtsort.

Eine beträchtliche Anzahl anderer Stiftungen der Johanniterinnen bestanden außerdem in Spanien, Portugal, Frankreich, auf Malta, und gewiß noch in andern Ländern. — Genauere Nachrichten besitzen wir nur über eine derartige Stiftung in Frankreich.

Im Jahre 1235 gründete Ritter Guibert von Themines zu Beaulieu en Quercy in der Diözese von Cahors (gegenwärtig im Departement Lot) ein kleines Hospital. Sein Sohn gleiches Namens erweiterte die Stiftung und widmete ihr im Verein mit seiner Gattin, Angeline de Maras, seine Thätigkeit. Im Jahre 1259 übergab er das Hospital den Johanniterinnen, und Angeline wurde mit Zustimmung ihres Gemahls die erste Oberin desselben. Später, kurz vor seinem Tode (um das Jahr 1298), stiftete Guibert ein ähnliches Hospital zu Fieux. Nach dem Tode Angeline's (im Jahre 1296) ging deren Würde auf ihre Tochter,

Angeline de Themines, über. In demselben Jahre wurde auf einer Versammlung der Johanniter durch den Großprior von St. Giles, den späteren Großmeister Johann von Villaret, das Hospital von Beaulieu zum ersten Hospital von Frankreich, und Angeline zur Großpriorin erhoben, die Zahl der Schwestern zu Beaulieu auf 40, zu Fieux auf 12 festgesetzt. Später wurden beide zu einer Anstalt verschmolzen.

Besondern Ruhm erlangte das Hospital von Beaulieu im Anfange des siebzehnten Jahrhunderts durch die Bemühungen einer Oberin, Galiotte de Gordon, Genouillac und Baillac, die Verfassung des Ordens zu verbessern, den früheren Geist von Neuem zu erwecken, und die ursprüngliche und wichtigste Aufgabe desselben, die Krankenpflege, wieder in ihre vollen Rechte einzusetzen. Die edle Galiotte drang darauf, daß zu diesem Zweck (an der Stelle des alten, welches, wie es scheint, untergegangen war) ein Hospital gebaut wurde. Sie erhielt indeß von dem »Conseil général de la réligion« zur Antwort, daß es vollkommen hinreiche, wenn die Hospitaliterinnen vom heiligen Johannes zu Jerusalem die Werke der Barmherzigkeit (Beten und Almosengeben) übten, welche die Malteser-Ritter so erbauungsvoll vollbrächten. — Galiotte starb, 29 Jahre alt, im Jahre 1619, aber sie vererbte ihre Frömmigkeit auf eine Anzahl von Anhängerinnen. Diese hatten zwar mit so großen Anfeindungen zu kämpfen, daß sie genöthigt waren, nach Toulouse auszuwandern. Hier übten sie unermüdlich Werke des Erbarmens; sie fanden reiche Unterstützung; es gelang ihnen, sich der Leitung des Groß-Priors von Frankreich zu entziehen, und sich unter die unmittelbare Obhut des Großmeisters zu stellen. Durch diesen, damals Paul de Lascaris, erhielten die Anhängerinnen Galiotte's im Jahre 1644 eine neue Constitution, nach welcher unter Anderm die Wahl der Priorin nicht, wie bisher, auf Lebenszeit, sondern nur auf drei Jahre erfolgte. Die Schwestern selbst zerfielen in die drei Abtheilungen der Soeurs de justice, welche sich der Ahnenprobe zu unterwerfen hatten, der Soeurs servantes d'office, denen wahrscheinlich vorzugsweise die Krankenpflege oblag, und der Soeurs converses für die niederen Dienste. Die erste Klasse zahlte beim Eintritt 1000 Francs, die zweite 500; die dritte Klasse war frei. — Ueber die Erfolge dieser Veränderungen in der Verfassung der französischen Johanniterinnen ist nichts bekannt, es scheint aber nicht, als ob dieselben bedeutender und nachhaltiger Art gewesen seyen.

Eben so unbekannt sind uns die ferneren Schicksale der edlen Schwesterschaft der Johanniterinnen, denen vielleicht beschieden ist, gleich ihren Brüdern noch einmal zu einem verjüngten und segensreichen Daseyn erweckt zu werden.

Der deutsche Orden.

Den Johannitern zunächst steht durch sein Alter der deutsche Orden. In dieser einen Rücksicht weicht er jenen, in jeder andern übertrifft er sie, am meisten in dem, was uns zunächst berührt, der Krankenpflege.

Der deutsche Orden hat dem deutschen Wesen gemäß lange Zeit hindurch mit spärlichen äußeren Mitteln, ja in Beschränktheit und Armuth, eine stille und anspruchslose, aber reich gesegnete Thätigkeit entfaltet. Aber selbst später noch, in den Tagen seiner Macht und seines Glanzes, hat sich der deutsche Orden durch die innige Hingebung an seinen ursprünglichen Beruf, durch die sittliche Kraft seiner Mitglieder eine Reinheit erhalten, der wir bei seinen stolzen Nebenbuhlern, deren Leben durch Reichthum und Ueppigkeit schon früh vergiftet wurde, kaum jemals begegnen.

Nicht die glänzenden Waffenthaten, nicht die politische Macht des deutschen Ordens sind die Aufgabe unsrer Darstellung, sondern die Werke der Barmherzigkeit, die er in Treue und Frömmigkeit geübt hat.

Seine Anfänge sind so klein und gering, daß selbst der Name seines Gründers nicht auf uns gekommen ist. Die Chronik erzählt nur, daß spätestens um das Jahr 1128 ein wackrer und frommer deutscher Mann, der mit seinem Weibe zu Jerusalem lebte, von der göttlichen Barmherzigkeit erfüllt, aus seinen Mitteln eine Herberge (xenodochium) errichtete, um an armen und kranken, der Landessprache unkundigen Stammesgenossen das Gebot der Gastfreundschaft zu erfüllen. Und da die Menge Derer, welche sich um des leichteren Verkehres in der theuren Muttersprache willen zu ihm wandten, zunahm, so fügte der fromme Gründer zu der Herberge eine Kapelle zu Ehren der Gottgebärerin hinzu.[187] Nicht minder widmete seine Gattin in einem andern, in der Nähe des ersten von ihr gegründeten Hospitale bedrängten deutschen Frauen die Werke der Liebe und des Erbarmens.

Auf diesen kleinen Umfang waren lange Zeit die Mittel und die Wirksamkeit des deutschen Hospitals zu Jerusalem beschränkt. Allmälig aber wendeten sich nicht blos Hülfsbedürftige, sondern auch Pflegende in immer größerer Zahl der neuen Anstalt zu; es vereinigten sich die letzteren durch die Regel des heiligen Augustinus und durch die gemeinsame Kleidung, den weißen Mantel mit dem schwarzen Kreuze, zu einer auch äußerlich verbundenen Genossenschaft der Brüder von dem Hospitale der heiligen Jungfrau Maria zu Jerusalem.[188] Als dann zu den Brüdern des Hospitals auch Männer aus dem Stande der Ritter sich gesellten, da trat zu der Aufgabe des Bundes, gleich wie bei den Johannitern, die Theilnahme an dem Kampfe gegen die Ungläubigen hinzu. In Folge dessen, vielleicht auch um Zwistigkeiten auszugleichen, welche zwischen den Marien- und Johannisbrüdern eingetreten waren, wurde im Jahre 1142 durch den Papst Coelestin II. bestimmt, daß das deutsche Hospital fortan nur deutsche Pilger aufnehmen und der Oberaufsicht des Meisters vom Johannishospitale untergeben seyn solle. Seit dieser Zeit ist die Geschichte der Waffenthaten der deutschen Brüder im Orient mit denen der Johanniter innig verschmolzen.

Aber gerade diese untergeordnete äußere Stellung, ja die Geringfügigkeit seiner äußeren Mittel hat dazu gedient, die Brüder des deutschen Hospitals vor dem Verfalle zu bewahren, welchem der Orden der Johanniter, gleich dem der übermüthigen Templer, entgegenging, und es hat sich erfüllt, was ein französischer Chronist im dreizehnten Jahrhundert in aufrichtiger Theilnahme für das wahre Gedeihen des Ordens wünschte: in Niedrigkeit, Armuth und Frömmigkeit sind die deutschen Hospitalbrüder durch lange Zeit rein geblieben von Stolz, Habgier und Zwietracht.[139]

Nach dem Falle Jerusalems (am 3. October 1187) theilten die deutschen Brüder das Schicksal ihrer Gefährten; die mit dem Schwerte Betroffenen starben durch die Hand des siegreichen Feindes, den übrigen gestattete Saladin's Großmuth, gleich den Johannitern in der Pflege der Hülfsbedürftigen zu verharren.[140] So hat auch das deutsche Hospital zu Jerusalem fort bestanden bis zu dem Jahre 1219, da es gleich den übrigen und vielen andern Resten der alten Herrlichkeit für immer in den Staub sank.

Der zweite, lautere und glänzendere Zeitraum in der Geschichte des deutschen Ordens beginnt mit der Belagerung von Akkon (im Jahre 1190). Das Heer der Kreuzfahrer, durch unermeßliche Leiden eines langen Zuges schon vor der Ankunft im heiligen Lande auf das Aeußerste geschwächt, von dem furchtbaren Saladin auf allen Seiten bedrängt, drohte dem Hunger und verderblichen Krankheiten nicht minder als der Tapferkeit der Belagerten zu erliegen. Da erbarmten sich einige Bürger von Lübeck und Bremen, die mit Adolph, Grafen von Holstein, nach Palästina gekommen waren, der Noth der Kranken. Es gesellten sich zu ihnen die im Lager befindlichen Brüder des deutschen Hospitales zu Jerusalem; ihr frommes und aufopferndes Wirken erregte die Aufmerksamkeit des edlen Herzogs Friedrich von Schwaben, und es ward von diesem nun erst, im Jahre 1191, nach dem Muster der Templer und Johanniter, denen vorzugsweise französische und italienische Edle angehörten, der Orden der deutschen Ritter gegründet. Da Herzog Friedrich starb, ehe die Bestätigung der neuen Stiftung durch Clemens III. anlangte, so erfolgte die Wahl der ersten vierzig Ordensritter durch König Heinrich von Jerusalem. Diese erkoren sodann zu ihrem Meister den edlen und gottesfürchtigen Walpot von Bassenheim, errichteten im Lager der Deutschen anstatt der Zelte, in denen bisher die Kranken verpflegt worden waren, einige Wohnungen und ein Bethaus, und verharrten unermüdlich in der Erfüllung ihrer schweren Pflicht, selbst als die Noth fast bis zur Verzweiflung führte und Viele das Kreuzheer verließen, um nach Europa zurückzukehren.

Endlich wird durch die Hülfe Philipp August's von Frankreich und seines Heeres Akkon erstürmt (am 12. Juli 1191). Die deutschen Ritter gründen in der eroberten Stadt ein Hospital und eine Kirche, von einer besonderen Veste umgeben. Die Satzungen des Bundes werden von Neuem geordnet und hauptsächlich zwei Klassen der Brüder festgestellt, Streiter und Pfleger, zu denen Priester hinzutreten, die aber erst dreißig Jahre später als wirkliche Mitglieder des Ordens erscheinen.

Im Jahre 1200 trat nach Walpot's Tode Otto von Kerpen, ein hochbetagter, frommer und im Wohlthun unermüdlicher Greis, an die Spitze des Ordens. Ihm folgte sechs Jahre später Hermann Barth aus einem edlen Geschlechte in Baiern, Pommern oder Holstein, von dem gesagt wird, daß er zuvor Meister des Hospitals zu Jerusalem gewesen. Auch ihm war nur vier Jahre lang vergönnt, dem Orden vorzustehen.

Das Besitzthum des Ordens war bis dahin noch immer geringfügig geblieben. Es erweiterte sich zuerst einigermaßen durch Schenkungen, welche Kaiser Heinrich VI. in Sicilien den deutschen Rittern verwilligte. Den ersten etwas beträchtlichen Besitz im deutschen Lande erwarb der Orden unter Hermann Barth's Verwaltung.[141] Dennoch aber blieb der Bund der deutschen Ritter fortwährend klein an Macht und seiner Mitglieder Zahl, bis zu dem Tage, da Hermann von Salza an seine Spitze trat (im Jahre 1214), der Macht und des Ruhmes des deutschen Ordens vornämlichster Begründer. Unter seiner Leitung erfuhr der Bund hauptsächlich auch durch Kaiser Friedrich II., den Hohenstaufen, die mächtigste Förderung an Besitz und Einfluß, aber es ging dagegen auch im Morgenlande Manches mit schwerer Mühe Errungene verloren. Jerusalem ward im Jahre 1219 durch Sultan

Corradin (Moattam) von Neuem gänzlich zerstört, und nun auch mit den übrigen Hospitälern des deutschen Ordens Stammhaus für immer vernichtet. Gar bald ward auch jede andere Verbindung desselben mit dem heiligen Lande zerrissen — aber um so kräftigere Wurzeln schlug der Bund in dem heimathlichen Boden, und segensreich sind die Früchte gewesen, die aus diesem Boden für die Ausbreitung des Christenthums, der Gesittung, den Wohlstand und die Blüthe der weiten Ländergebiete der Ostsee, der Wiege Preußens, entsprossen sind.

Die äußere Geschichte des deutschen Ordens in dieser Zeit der Blüthe liegt unserer Aufgabe fern. Uns kümmert nicht sein Wachsthum an Land und Leuten, an Macht und Ruhm, nicht die Thaten der Tapferkeit, die er seit dem Jahre 1226 gegen die heidnischen Preußen vollbracht, nicht die Blüthe seines Handels, noch die Pracht und Ehre seiner Hochmeister; — uns kümmert allein, wie der deutsche Orden in der deutschen Heimath dem ältesten und heiligsten seiner Schwüre treu geblieben sey: der Pflege der Elenden und Kranken. Und darauf giebt des Ordens Geschichte uns zur Antwort, daß er niemals des Ursprungs aus dem Hospitale zu Jerusalem uneingedenk gewesen, ja sich dessen gerühmt habe, und daß die Uebung der Barmherzigkeit keinem von allen ritterlichen Pfleger-Orden so heilig gewesen sey, als dem deutschen.

Wer in den Bund der deutschen Ritter treten wollte, der mußte deutscher Abkunft, edler Geburt, gesunden Leibes und reinen Wandels seyn. Von den Gelübden war das erste: der Kranken zu pflegen; das zweite: die Kirche vor ihren Feinden zu beschützen; das dritte: Gehorsam und Treue.

Als in späterer Zeit, zum großen Verdruß der Geistlichkeit, welche sich durch das Aufblühen des Ordens und durch die reichen Spenden, welche ihm zuflossen, an Macht und Gütern sehr geschmälert fand, den deutschen Rittern gestattet ward, Halbbrüder zu erwählen, welche nicht durch die strengeren Gelübde, namentlich nicht durch das der Ehelosigkeit, gebunden waren, da traten nicht blos Mächtige, Fürsten und Herren in dieses nahe Verhältniß zum Orden, sondern gewiß auch Solche, welche vorzugsweise dem Dienste der Kranken sich zu widmen entschlossen waren.

Den Rittern zunächst stehen sodann die geistlichen Brüder, die sich in eigentliche Priester und in Diener des geistlichen Amtes, in „Priesterbrüder" und „Pfaffenbrüder" theilen, die meisten gewiß von bürgerlicher Abkunft. — Außerdem finden wir Beamte für die Dienste des Hauses, und der Haushaltung, und dienende Brüder verschiedener Art für die geringeren Verrichtungen.

So vertheilten sich die Mitglieder des Ordens über alles deutsche Land, dem damals auch Schweizer und Niederländer noch gern ihre Heimath zurechneten, in Ordenshäusern und Conventen, deren keinem ein Hospital fehlte.

Die Geschichte der Hospitäler, die der deutsche Orden gegründet und erhalten hat, wäre einer besonderen Darstellung werth. Sie würde zeigen, daß zu aller Zeit die Pflege der Bedrängten und der Kranken dem Orden als eine seiner wichtigsten Pflichten erschienen ist. Bis jetzt aber ist leider über diesen Theil der Geschichte des Ordens wenig mehr bekannt, als daß in jedem Hospitale, „Firmarie" genannt, (aus infirmaria sonderbar verderbt), ein Fimarienmeister für die Bedürfnisse der Anstalt, besonders für die leibliche Pflege und Beköstigung der Kranken sorgte.[162] Die ärztliche Pflege der Kranken war der Obhut des „Spittlers" übergeben. Daß diesem, in den größeren Anstalten wenigstens, Aerzte zur Seite standen, wird ausdrücklich bezeugt. Die oberste Aufsicht über die Firmarie, wie über alle inneren Angelegenheiten der Ordenshäuser und Convente, lag in der Hand des Comthurs, dem ersten der „Gebietiger", zu denen, nächst dem Marschall für das Kriegswesen, der Spittler, der Trappier (für die Ausstattung und Bekleidung) und der Treßler (für die Verwaltung der Güter) hinzukommen.

Am Sitze des Ordens und des Hochmeisters (nach Akkon's Fall im Jahre 1295 Venedig, alsdann seit dem Jahre 1309 Marienburg) haben sodann die obersten Gebietiger ihren Sitz:

der Großcomthur, der Oberst-Marschall, der Oberst-Spittler, der Oberst-Trappier und Oberst-Treßler. Von ihnen war dem Oberst-Spittler, dem ältesten und ehrwürdigsten der Aemter des Ordens, die Oberaufsicht über die Firmarien, über die Verpflegung und ärztliche Behandlung der Kranken, namentlich auch die Anstellung der Aerzte anvertraut.

In den Firmarien wurden zunächst die altersschwachen und kranken Ordensbrüder verpflegt. Im Haupthause zu Marienburg bestanden zwei Firmarien: die eine, die Herren-Firmarie, zur Aufnahme alter und kranker Brüder, Ritter sowohl als Priester und Pfaffen; die andre für die Knechte oder das Hof- und Hausgesinde. — Besonders ansehnlich war das Hospital zu Elbing, dem eigentlichen Sitze des Oberst-Spittlers, von welchem aus derselbe das Gebiet des Ordens bereiste.

Schon an der Wiege des Ordens im heiligen Lande sind wir der Mitwirkung edler Frauen begegnet; aber auch später standen, gleichwie im Orden der Johanniter, den deutschen Rittern Schwestern zur Seite, und gerade diese haben von Anbeginn bis zu den letzten Tagen des Ordens ohne Unterlaß der ältesten seiner Pflichten, der Krankenpflege, sich hingegeben.[143]

Den Brüdern gleich zerfallen die deutschen Schwestern in die beiden Klassen der eigentlichen Ordensschwestern und der Halbschwestern. Die ersteren, auch Conventualinnen genannt, weihen sich durch die drei geistlichen Gelübde nach einem Probejahre dem Dienste der Kranken in den Schwesterhäusern des Ordens, die sie nie verlassen. Sie tragen gleich den Rittern das weiße Kleid mit dem Kreuze des Ordens, und sind unter der obersten Leitung einer Meisterin der Obhut von Priorinnen untergeben. — Die Halbschwestern sind gleichfalls durch die drei Gelübde dem Orden verbunden, aber von der Clausur befreit (deshalb auch Ausgeh-Schwestern geheißen) und größtentheils wohl, gleich den dienenden Brüdern, für die geringeren Verrichtungen des Hauses bestimmt. Sie tragen, wie die Halbbrüder des Ordens, das halbe Kreuz.[144]

Leider sind bis jetzt auch über diese Schwesterhäuser des deutschen Ordens nur wenig Nachrichten ans Licht getreten. — Zu Bern bestand seit dem Jahre 1342 ein Schwesterhaus unter dem Namen des Frauenklosters des deutschen Ordens im Rüwenthale, ein andres, unter dem Namen des heiligen Geist-Hospitals, im Wippthale bei Sterzing. Hierher gehören sodann das Schwesterhaus zu Bun in der niederländischen Provinz Drenthe, im Jahre 1271 von den Rittern der Ballei Utrecht gestiftet; das Haus der deutschen Schwestern zu Schotten, auch Oldeschot genannt, in der Provinz Friesland, Ballei Utrecht, im Jahre 1299 gegründet; zu Frankfurt am Main das Kloster der deutschen Ordens-Nonnen bei St. Katharina; außerdem die weniger bekannten Schwesterhäuser zu Hitzkirch, Speyer und Lüttich.

Die Blüthe des deutschen Ordens hat bis zum Anfang des fünfzehnten Jahrhunderts gewährt. Seit dieser Zeit wurden auch ihm Macht und Reichthum zur Quelle des Uebermuthes und der Ueppigkeit. — Der erste Schritt zu seinem Ende war im Jahre 1561 der Verlust Livlands an Polen. Später hat derselbe ein immer kümmerlicheres Daseyn gefristet, bis Napoleon im Jahre 1809 seine Güter im Bereiche der Rheinbundstaaten aufhob, und Oesterreich, wo noch jetzt der Orden äußerlich fortbesteht, im Jahre 1834 sein Besitzthum als kaiserliches Lehn erklärte.

Die Lazaristen.

Die älteste Geschichte des Ritter-Ordens des heiligen Lazarus von Jerusalem ist in tiefes Dunkel gehüllt und durch fabelhafte Angaben entstellt.[145] Einige führen seinen Ursprung auf die Basilias von Cäsarea zurück, in welcher sich allerdings auch Aussätzige befanden, andere lassen ihn schon von Papst Damasus II. (im Jahre 1048) bestätigt werden.

Sicherer ist die Angabe, daß der Orden der Lazaristen in Palästina von frommen Rittern gegründet wurde, welche sich die Pflege der Aussätzigen und die Bekämpfung der Ungläubigen zur

Pflicht machten. Unter den Rittern befanden sich nicht blos Aussätzige (welche indeß nicht mit zu Felde zogen, und deshalb wohl zunächst der Pflege ihrer Leidensgefährten sich widmeten), sondern es wurde selbst bis zum Jahre 1253 aus ihrer Mitte der Großmeister des Ordens gewählt. In dem genannten Jahre, nach dem Verluste von Jerusalem, baten die Lazarus-Ritter Innocenz IV., sie von jener Bestimmung zu entbinden, da sämmtliche aussätzige Ritter von den Ungläubigen getödtet worden waren.

Etwas klarer wird die Geschichte der Lazaristen seit dem Jahre 1149, in welchem sie von Ludwig VIII. nach Frankreich berufen wurden, um bei einer verheerenden Pest ihren Beistand zu leisten. In Frankreich wurde Boigny bei Orleans, welches der Orden, durch eine Schenkung von Ludwig dem Kinde, seit dem Jahre 1154 besaß, zum Sitze desselben bestimmt. Außerdem bestand schon sehr früh ein General-Vicariat des Ordens in Ungarn.

Nach dem Verluste des heiligen Landes sahen sich auch die Lazaristen genöthigt, nach Europa zu fliehen, wo sie von den Päpsten und weltlichen Fürsten jede Art der Begünstigung erfuhren. Clemens IV. (1265 bis 1268) befahl unter Androhung der Excommunication allen Prälaten, die Leprösen zu zwingen, sich in die Hospitäler der Lazaristen zu begeben und denselben ihr gesammtes Vermögen zu vermachen. Von Alexander IV. erhielten die Lazaristen im Jahre 1257 ausdrücklich die Erlaubniß, nach der Regel des heiligen Augustin zu leben, welcher sie von jeher gefolgt waren;[146] ebenderselbe stellte sie unter den Schutz des heiligen Stuhles und bestätigte sie in allen von Kaiser Friedrich II. und König Heinrich von England dem Orden verliehenen Besitzungen.

In Italien war indeß schon zu Ende des fünfzehnten Jahrhunderts der Aussatz so selten geworden, daß Innocenz VIII. im Jahre 1490 den Orden der Lazaristen aufheben und mit dem der Johanniter vereinigen konnte. Die französischen Lazarus-Ritter fügten sich indeß dieser Anordnung nicht, und erwirkten im Jahre 1547 eine ihnen günstige Entscheidung. Aber auch in Italien bestand der Orden, welcher seinen Sitz zu Capua hatte, noch nach dem Aufhebungsedikte vom Jahre 1490 unter Anerkennung mehrerer Päpste fort. Pius IV. stellte denselben im Jahre 1565 vollständig wieder her, und ernannte zum Großmeister Joannot de Castillon, einen seiner Verwandten. Nach dem Tode des Letzteren erwirkte Emanuel Philibert, Herzog von Savoyen, im Jahre 1572 die Vereinigung des Ordens mit dem des heiligen Mauritius, dessen Großmeisterthum er sich selbst und seinen Nachfolgern vorbehielt. Auf diese Weise erhielt Philibert zugleich die freie Verfügung über die bedeutenden und unbenutzten Güter der Aussatzhäuser, statt deren zahlreiche Hospitäler, z. B. zu Turin, Nizza, Aosta, Lanzo und an andern Orten gegründet wurden.

Diesem Beispiel folgte Heinrich IV. in Frankreich. Er errichtete im Jahre 1607 den Ritterorden Notre-Dame de Mont Carmel, bewirkte die Vereinigung des Lazarus-Ordens mit demselben, und ernannte zum Großmeister des neuen Ordens den bisherigen Großmeister der Lazaristen, Philipp von Nerestang, Anführer der Königlichen Leibwache.

Der neue Orden Saint Lazare et Notre-Dame de Mont Carmel hatte kaum eine Beziehung zur Krankenpflege. Die Ritter verpflichteten sich vielmehr nur, in Kriegszeiten den König ins Feld zu begleiten, um seine geheiligte Person zu schützen, gegen die Ungläubigen zu streiten und fromme Uebungen vorzunehmen. Außerdem gelobten sie Keuschheit in der Ehe, welche ihnen indeß zweimal, selbst mit Wittwen, einzugehen gestattet war.[147] — Unter Ludwig XIV. wurde der neue Orden, welcher damals vorzüglich aus invaliden höheren Officieren bestand, nicht blos in dem bisherigen Besitze derjenigen Hospitäler, Maladrerieen u. s. w. der Lazaristen, in denen die Krankenpflege nicht mehr geübt wurde, bestätigt, sondern es wurden mit demselben auch noch ferner mehrere bis dahin noch bestehende Ritter- und Hospitaliter-Orden, nebst deren Besitzungen, verschmolzen, vornämlich die Orden St. Spiritus von Montpellier, St. Jacques de l'Epée, der Orden vom heiligen

Grabe, der französische Zweig des deutschen Ordens, St. Jacques de Haut-Pas u. s. w. Die Einkünfte des Ordens sollten vorzugsweise dazu dienen, seine kranken Truppen zu verpflegen. — Gegen diese Anordnung erhoben sich die von ihr betroffenen Orden mit solchem Erfolge, daß im Jahre 1693 das Verschmelzungsedikt von 1672 widerrufen und der frühere Zustand wieder hergestellt wurde. Bald darauf erfolgte das Edikt vom 24. August 1693, welches das Vermögen der bisherigen Aussatzhäuser einzog, um es zur Gründung neuer Hospitäler zu verwenden.[148] Im Jahre 1703 erhielt der Orden St. Lazare et Notre-Dame de Mont Carmel neue Statuten, in denen den Rittern außer dem Schutze der Kirche auch die Barmherzigkeit gegen die Armen und die Pflege der Aussätzigen zur Pflicht gemacht wird. Es leidet indeß keinen Zweifel, daß alle diese Verpflichtungen, am meisten die letzte, nur formeller Art waren.

Die ferneren Schicksale des Lazarus-Ordens in Frankreich sind unbekannt. Jedenfalls wurde er in der Revolution aufgehoben. — In Spanien hat der Orden, welcher in diesem Lande auch den Namen des heiligen Antonius führte, gleichfalls nur bis zum Jahre 1787 bestanden,[149] und in Sardinien ist derselbe zu einer gewöhnlichen Ordensdecoration zusammengeschmolzen.

Ueber die weiblichen Mitglieder des Ordens fehlt es an allen näheren Nachrichten.

Die Geschichte endlich eines andern ritterlichen Pflegerordens, vom heiligen Cosmas und Damianus, oder des Ordens der Märtyrer in Palästina, ist so dunkel, daß eine der ersten Auctoritäten, Helyot, sogar seine Existenz bezweifelt, indem er eine Verwechselung desselben mit den Chorherren »de la pénitence des martyrs« für wahrscheinlich hält. Nach der entgegengesetzten Meinung wurde dieser Orden zu Ende des eilften Jahrhunderts gegründet, um in seinen Hospitälern Kranke, Sklaven, Wittwen und Waisen aufzunehmen, verlassene Leichen zu beerdigen, nicht weniger aber auch die Ungläubigen zu bekämpfen. Papst Johann XX. bestätigte sie und gab ihnen die Regel des heiligen Basilius. Ihre

Kleidung, der der Templer ähnlich, bestand aus einem weißen Mantel mit dem rothen Kreuz, in dessen Mitte sich die Bildnisse der heiligen Märtyrer, der Patrone des Ordens, befanden.

Bevor wir uns zu der Geschichte der nicht-ritterlichen Verbrüderungen geistlicher und weltlicher Art wenden, welche die Krankenpflege zur Hauptaufgabe ihrer Thätigkeit machten, erscheint es angemessen, bei einigen Genossenschaften des Mittelalters zu verweilen, welche zwar der Krankenpflege nur untergeordnete Rücksicht schenkten, dennoch aber ein nicht geringes Interesse schon deshalb darbieten, weil ihre Geschichte zum Theil bisher nur unvollständig bearbeitet worden ist. Es gehören hierher vorzüglich die bekannten Verbindungen der Beguinen und Begharden, und die weniger bekannten Kalands-Brüderschaften.

Die Beguinen und Begharden.

Der Ursprung der Beguinen fällt in das Ende des zwölften, ihre größte Ausbreitung in die erste Hälfte des dreizehnten Jahrhunderts.

Ein frommer Priester aus Lüttich, Lambert le Begues (oder le Begue),[150] entrüstet über das weltliche Treiben und den unsittlichen Lebenswandel der Geistlichkeit, verwendete sein nicht unbedeutendes Vermögen dazu, ehrbare Jungfrauen und Wittwen in einer Stiftung eigenthümlicher Art zu einer gottgefälligen Lebensweise zu vereinigen. In einem großen Garten an der Maas vor der Stadt errichtete er eine Menge einzelner Häuser, die eine gemeinsame Mauer umschloß. Hier lebten Personen weiblichen Geschlechts von jedem Stande und Vermögen, getrennt von jedem männlichen Umgange, in frommen Uebungen und nützlicher Thätigkeit, ohne eine eigentliche geistliche Regel. Die Zahl der Schwestern in diesem ersten, dem heiligen Christoph geweihten, Hofe war schon 50 Jahre nach Lambert's Tode auf 1500 angewachsen.

Seine fortwährenden Angriffe auf die Geistlichkeit brachten Lambert ins Gefängniß. Er wurde ferner, da er den Untergang einer Kirche geweissagt hatte, welche bald darauf abbrannte, der Magie angeklagt, erhielt aber die Erlaubniß, nach Rom zu gehen, um sich von Papst Urban III. richten zu lassen. Lambert ward freigesprochen, starb aber, sechs Monate nach seiner Rückkehr, im Jahre 1187.

Die Beguinen bilden eine halb weltliche halb klösterliche Vereinigung. Sie tragen eine besondere, der geistlichen sich nähernde Kleidung,[151] geloben Keuschheit und Gehorsam für die Zeit ihres Aufenthalts, können aber jederzeit austreten und sich verheirathen. Ihr Vermögen verbleibt zu ihrer eignen freien Verfügung.

Die gemeinsame Wohnstätte der Beguinen ist der Beguinenhof (domus, conventus beghinarum, oder beghinagium), ein mehr oder weniger umfängliches, mit Mauern umgebenes Grundstück. Dasselbe umschließt eine größere oder geringere Zahl von kleinen Häusern, in deren jedem zwei bis vier Beguinen wohnen. Jede einzelne führt ihren eigenen kleinen Haushalt; die Aermeren leben von dem Ertrage ihrer Handarbeit, des Unterrichts u. s. w. Einzelnen Beguinen ist gestattet, in der Stadt bei Verwandten zu wohnen, diese dürfen aber nur weltliche Kleidung tragen, und genießen die den Beguinen verwilligte Steuerfreiheit nur in beschränktem Maaße.

Als der Mittelpunkt des Beguinenhofes muß das „Hospital" und als einer der wesentlichen Zwecke der Schwesterschaft die Krankenpflege betrachtet werden. Die Beguinen üben dieselbe sowohl in ihrem eigenen Hospitale, als in den Privatwohnungen der Kranken aus. Zuweilen war ein vorher vorhandenes Hospital die Veranlassung zur Stiftung eines Hofes (z. B. zu Vilvorde und Cambray[152]). Dieser Fall war, wie es scheint, ursprünglich der regelmäßige. Später fand meist das umgekehrte Verhältniß Statt. Die Krankenpflege war indeß, mindestens in dem Hospitale selbst, nur auf die Mitglieder der Schwesterschaft beschränkt. Außerdem ist das Wort »infirmarium« eben so wenig hier als sonst ganz streng zu nehmen. Es geht vielmehr aus Hallmann's Darstellung hervor, daß das Infirmarium vorzugsweise zur Aufnahme derjenigen Schwestern diente, welche durch Krankheit oder Gebrechlichkeit außer Stande waren, selbst für sich zu sorgen. Einer ärztlichen Thätigkeit in diesen Anstalten wird nirgends gedacht.

Das reformatorische Element vieler Verbrüderungen des Mittelalters, dessen wir früher als eines charakteristischen Zuges in der Geschichte derselben gedacht haben, tritt besonders deutlich bei den Beguinen hervor. „Schon früh“, sagt Hallmann, „bemächtigte sich der Beguinen Schwärmerei. Besonders in Deutschland kamen sie dazu, zu glauben, der Mensch könne schon hienieden den höchsten Grad der Vollkommenheit erreichen und zum Anschaun Gottes gelangen, so daß es nicht mehr nöthig sey, zu fasten, noch sterblichen Menschen Gehorsam zu leisten.“ Dieser Richtung wurde durch die kurz nach der Gründung der Beguinen entstehende Verbrüderung der Begharden, eine Verbindung von Männern, welche ähnliche Zwecke verfolgten, Vorschub geleistet. Die Begharden traten schon sehr früh in Opposition zur Kirche, und wurden deshalb bald unterdrückt. Aehnlichen Verfolgungen waren die Beguinen ausgesetzt, namentlich weil man sie häufig mit den Brüdern und Schwestern des freien Geistes zusammenstellte, welche wiederum mit den ketzerischen Waldensern u. s. w. zusammenhingen. Diese Bedrückungen schienen um so mehr gerechtfertigt, als schon im Jahre 1215 ein päpstliches Edikt die Errichtung neuer Orden verboten hatte; durch das Concilium von Vienne im Jahre 1311 wurden alle diese Verbindungen als ketzerische bezeichnet. Dennoch gelang es nicht, die Beguinen auszurotten; sie verbreiteten sich selbst seit der Mitte des dreizehnten Jahrhunderts über viele Gegenden Frankreichs, Deutschlands und der Schweiz. In Frankreich wurde ihnen der Schutz Ludwig XIII. zu Theil; in Deutschland erreichte ihre Zahl an einzelnen Orten oft eine beträchtliche Höhe, z. B. in Köln, wo sich in der Stadt und deren Umgegend im Jahre 1250 gegen 2000 Beguinen befunden haben sollen. Allerdings sah man sich auch in Deutschland mehrfach genöthigt, Maaßregeln gegen manche Mißbräuche zu treffen. So setzte z. B. eine Synode zu Fritzlar schon im Jahre 1244 zu ihrer Aufnahme das Alter von 40 Jahren fest. Dennoch erhielten sie sich in der Gunst des Volkes, und noch im fünfzehnten Jahrhundert wurden Beguinenhöfe zu Görlitz, Rochlitz, Lübeck, Leipzig, Salzwedel, Königsberg in der Mark[153] gegründet. Da indeß der alte Name Anstoß erregte, so nahmen die Beguinen in Deutschland vielfach den Namen der Seelschwestern an.

Durch die Reformation verschwanden die Beguinen in Deutschland überall. Dagegen gab es in den Niederlanden noch zu Helyot's Zeit keine Stadt ohne Beguinenhof. Auch jetzt bestehen sie dort noch an vielen Orten, z. B. zu Gent und Löwen. Aber sie sind längst über die Zeit ihrer Blüthe hinaus. In Löwen fand Hallmann (1843) in dem früher von vierhundert Schwestern bewohnten „großen Hofe" deren nur noch sechszig. Die Beguinenhöfe kamen zum Theil in die Hände der Kirche;[154] in Deutschland verwandelten sie sich häufig in gewöhnliche Armenhäuser, wie z. B. in Halberstadt, wo noch jetzt eine derartige Anstalt ihren alten Namen führt.[155]

Auch außerhalb der Niederlande haben sich Zweige der Beguinen noch lange erhalten. In Frankreich leitet Helyot die noch zu seiner Zeit in vielen Hospitälern thätigen Hospitaliterinnen der h. Martha von Bourgogne von den Beguinen ab.[156] Sie führen selbst ihren Ursprung auf die Beguinen von Malines zurück. Das bedeutendste der Hospitäler dieses Ordens war zu Helyot's Zeit das von Beaune, welches 1443 von Nicolas Rolin, Kanzler des Herzogs Philipp des Guten von Burgund, gegründet wurde. Helyot beschreibt diese Stiftung als eine sehr ansehnliche und sehr reiche. Für vornehme Kranke waren besondere prächtig ausgestattete Zimmer, jedes einzelne mit drei Betten für jeden Kranken, vorhanden.

Noch dunkler ist die Geschichte einer männlichen Verbrüderung dieser Art, der Begharden. Sie sollen im Jahre 1228 ebenfalls in den Niederlanden gestiftet worden seyn, und ursprünglich aus armen verheiratheten Webern bestanden haben, welche bei der

Ausübung ihres Gewerbes gewisse fromme Gebräuche beobachteten. Später ahmten sie die Lebensweise der Beguinen nach. Sie verbreiteten sich im dreizehnten Jahrhundert nicht unansehnlich, besonders in Frankreich, aber eben so bald verfielen sie der Entartung, und zogen sich demgemäß, besonders durch ihre Verbindung mit den Brüdern vom freien Geiste und andern ketzerischen Genossenschaften, die Verfolgung der Kirche zu.

Die Kalands-Brüderschaften.

Eine andere mittelalterliche Genossenschaft, die Kalande, Kalands-Brüder, Kalands-Herren, Kalands-Gilden u. s. w. stehen mit der Krankenpflege nur in sehr lockerer Verbindung.[157] Diese Verbrüderungen, welche zu den am weitesten verbreiteten kirchlichen Genossenschaften gehören, entstanden seit dem zwölften Jahrhundert vorzüglich in Deutschland und Holland, und hatten ursprünglich den Zweck, ihre Mitglieder durch näheren friedlichen und liebevollen Umgang, strenge Uebung der religiösen Pflichten, gemeinsame Andachtsübungen, sittlich und religiös zu fördern, ihnen in der Noth beizustehen, zugleich aber auch einen geselligen Mittelpunkt für Gleichgesinnte zu bilden. — An der Spitze der Kalande standen stets Geistliche; in ihrer ursprünglichen Form zählten die Kalande aber auch Laien beiderlei Geschlechts, Vornehme und Geringe, Reiche und Arme, zu ihren Mitgliedern. Erst der beginnenden Entartung scheinen diejenigen Kalande anzugehören, welche blos Geistliche oder blos sehr Vornehme und Reiche zu Mitgliedern aufnahmen („Fürsten-Kalande" und „reiche Kalande"). Ueber die in den Bund Aufzunehmenden fand eine geheime Berathung und Abstimmung Statt, bei welcher vorzugsweise der sittliche Ruf in Betracht kam.

Die Mittel, deren sich der Kaland bediente, um seine Zwecke zu erreichen, bestanden hauptsächlich in Versammlungen, welche in der Regel am Anfange jedes Monats, hier und da nur vierteljährlich Statt fanden. Die Versammlung begann mit einer Messe für die Seelen der Abgeschiedenen, hauptsächlich der früheren Bundesglieder. Häufig fanden diese Andachten an besonders gestifteten „Kalands-Altären“ Statt. Hierauf vereinigte man sich zu einem ursprünglich sehr einfachen Bundesmahle. Außerdem leisteten die Mitglieder sich und ihren hülfsbedürftigen Nächsten jegliche Art des Beistandes, Pflege in Krankheiten und die Ehre des letzten Geleites, wobei zunächst den jüngsten Brüdern zufiel, die Todten zu bestatten. Gewiß haben die Kalands-Brüder in Pestzeiten sehr häufig erhebende Beispiele der Unerschrockenheit gegeben; in Lübeck wenigstens kamen sie nachweislich besonders seit dem schwarzen Tode (im Jahre 1350) und noch mehr nach der großen Pest vom Jahre 1370 in Aufnahme. Später freilich übertrug man jene lästigen Geschäfte besoldeten Dienern.[158]

Auch diese Genossenschaft verfiel, zunächst in Folge der aus Schenkungen, Vermächtnissen u. s. w. ihr zufallenden Reichthümer, sehr früh zu solcher Entartung, daß von ihrer ursprünglichen Gestalt fast Nichts mehr übrig blieb. Die Gastmähler, bei denen die größte Schwelgerei, ja offenbare Unzucht einriß, wurden zur Hauptsache.[159] Die Unmäßigkeit der Kalands-Brüder wurde sprichwörtlich. An vielen Orten hatten sich die Versammlungshäuser der Kalands in Bierschenken verwandelt, welche den Geistlichen als Zechstuben dienen sollten, damit sie nicht genöthigt wären, noch gemeinere Wirthschaften aufzusuchen! Die Kalande wurden deshalb großentheils schon vor der Reformation aufgehoben,[160] und mit derselben verschwanden sie fast überall. Die oft sehr bedeutenden Besitzungen fielen hier und da, z. B. in der Mark und in Pommern, an den Johanniter-Orden, oder wurden zu frommen Stiftungen, Armen-Anstalten, Stipendien für Studirende u. s. w. verwendet.[161]

Hospitaliter und Hospitaliterinnen.

Von der geräuschvollen Wirksamkeit der tapfern Ritter-Orden hat die Geschichte viel Glänzendes zu berichten; — von den stillen Thaten des Erbarmens, das von zahlreichen, dem Volke entsprungenen Verbrüderungen geübt worden ist, die sich lediglich auf die frommen Werke der Nächstenliebe beschränkten, findet sich nur wenig aufgezeichnet.

Bei Weitem die meisten dieser Pflegerschaften sind Laien-Verbrüderungen. Aber auch diese folgen alle einer mehr oder weniger ausgeprägten Regel. Die Mehrzahl der des heiligen Augustinus, einige der vom dritten Orden des heiligen Franciscus. Im Uebrigen sind ihre Bezeichnungen und Einrichtungen nach den einzelnen Ländern vielfach verschieden.

Der Ursprung dieser Verbrüderungen und ihr inniger Zusammenhang mit den Xenodochien läßt sich am deutlichsten bei einer der ältesten von ihnen nachweisen, welche allerdings zu den eigentlichen Krankenpflegerschaften nicht gehört: den „Brückenmachern" (Frères oder Hospitaliers Pontifes) in Italien und Frankreich.[162]

Die nach Rom und andren Stätten des Heils wallfahrenden Pilger waren an den Flußübergängen vielfach der Habgier, ja der Raubsucht der sie übersetzenden Schiffer ausgesetzt. Deshalb bildeten sich Verbrüderungen, die entweder auf Flößen, die sie selbst gezimmert (weshalb noch viel später der Hammer das Symbol der Brüderschaft bildete), die Reisenden übersetzten, oder an den Ufern Hospize errichteten, um die Pilger zu geleiten und die Kosten der Ueberfahrt zu bestreiten. Als das älteste dieser Hospize wird dasjenige genannt, welches bei Lucca, auf dem Wege von Florenz nach Rom, am Ufer des Arno errichtet war. Eine Tochterstiftung dieses Hospizes und der mit ihm verbundenen Brüderschaft ist das von St. Jacques de Haut Pas im südlichen Frankreich. Sie wird dem heiligen Benezet zugeschrieben, indem dieser im Jahre 1177 an einer Haut Pas genannten Stelle bei Avignon unter wunderhaften Umständen für die nach Rom ziehenden Pilger eine Brücke über die Rhone schlug.

Der Orden der Hospitaliers Pontifes gelangte unter der Leitung eines Großmeisters, der in Italien, und eines Comthurs, der in Frankreich residirte, sehr bald zu hoher Blüthe. Aber auch ihn führten seine Reichthümer zur Entartung und zur Auflösung, welche in Frankreich gleichzeitig mit der vieler anderer Orden im Jahre 1672 erfolgte.

Unter den der eigentlichen Hospital- und Krankenpflege gewidmeten Verbrüderungen hat zunächst der Orden vom heiligen Geiste, welcher in Frankreich häufig auch nach seinem Entstehungsorte, Montpellier, in Italien nach seinem wichtigsten Sitze, dem Hospitale San Spirito in Sassia zu Rom, genannt wird, eine sehr bedeutende Wirksamkeit entfaltet.[163]

Der Gründer dieses Ordens ist Guy von Montpellier.[164] Dieser stiftete zu Ende des zwölften Jahrhunderts in seiner Vaterstadt ein Hospital, und zur Verwaltung desselben eine Verbrüderung von Laien, welche sich sehr bald weiter ausbreitete. In Rom besaß sie schon früh zwei Ordenshäuser; ihre Thätigkeit erwies sich aber als eine so segensreiche, daß sie, wie schon oben bemerkt wurde (S. 26), von Innocenz III. zur Leitung des eben gegründeten Hospitals San Spirito berufen wurde. Das Uebergewicht, welches auf diese Weise das römische Hospital über das Mutterhaus zu Montpellier erhielt, erreichte seinen Gipfel, als Gregor X. (1271—1276) der obersten Leitung des Hospitals zu Rom alle, auch die bisher von Montpellier abhängigen, Anstalten des Ordens unterwarf.

Im Verlaufe des dreizehnten und vierzehnten Jahrhunderts breitete sich der Orden vom heiligen Geiste über den größten Theil von Europa aus, und entfaltete überall eine überaus segensreiche Wirksamkeit. In manchen Gegenden, namentlich in Ungarn und Siebenbürgen, kommen die Mitglieder dieses Ordens unter dem Namen der Kreuzherren oder Kreuzträger vor, weil sie, ähnlich den Johannitern, welche das achteckige rothe Kreuz auf dem weißen Mantel trugen, auf schwarzem Rocke ein weißes Doppelkreuz führten. — Im Jahre 1459 machte Pius IV. den Versuch, den Orden des heiligen Geistes von Montpellier nebst einigen andern zu Gunsten des von ihm neu gegründeten ritterlichen Ordens Notre Dame de Bethlehem aufzuheben. Dieser Versuch hatte indeß keinen Erfolg, ja es wurde selbst im Jahre 1619 das Generalat von Montpellier durch Paul V. in seine früheren Rechte eingesetzt, und im Jahre 1625, auf den Antrag Ludwig XIII., sogar der französische Zweig des Ordens für völlig unabhängig von Rom erklärt.

Inzwischen entartete auch dieser Orden so sehr, daß von seiner ursprünglichen Aufgabe wenig mehr bemerklich blieb. Die Organisation desselben wurde immer weltlicher. An die Stelle der frommen Krankenpfleger waren Großmeister, Comthure und Officiere getreten, welche die reichen Einkünfte des Ordens verpraßten. Der Versuch Ludwigs XIV., auch ihn im Jahre 1672 aufzuheben, scheiterte indeß. Ueber seine ferneren Schicksale, so wie über die weiblichen Mitglieder desselben besitzen wir keine Nachrichten. Zu Helyot's Zeit (im Anfange des achtzehnten Jahrhunderts) war der Orden noch sehr verbreitet, und besaß in Italien, Frankreich, Spanien, Westindien, Polen und Deutschland (z. B. in Krakau, Memmingen und Wimpfen) zahlreiche Ordenshäuser.[166]

Noch älteren Ursprungs sind in Frankreich die schon im Jahre 1171 gegründeten Hospitaliter-Orden von St. Protais und St. Gervais. Im dreizehnten Jahrhundert entstand ferner der Orden der Hospitaliter von der christlichen Liebe unsrer Lieben Frau, gestiftet von Guido von Joinville, welcher, gleich den eben genannten, der Regel des heiligen Augustin folgte.

Zu den ältesten geistlichen Krankenpfleger-Orden in Spanien gehören die regulirten Chorherren von Ronceval, gewöhnlich „Roncevaux“ geheißen. Die Chorherren werden Schüler des heiligen Johann de l'Ortie genannt, welcher das Haupthospital vor dem Jahre 1163 unter Alphons II. in einer Wüste des Gebirges Occa gründete, welche ihrer Nesseln wegen den Zunamen de l'Ortie erhielt. Als Gründer des Hospitals von Ronceval wird Sanchez, Bischof von Pampelona, betrachtet.

Noch berühmter sind die Hospitaliter von Burgos. König Alphons VIII. von Castilien fügte im Jahre 1212 zu dem von ihm gegründeten Nonnenkloster der Mutter Gottes de las Huelgas (bei Helyot auch Notre Dame de Roaille) ein schönes Hospital für die Pilger, welche zu dem heiligen Jacob von Compostella und zur Mutter Gottes von Guadeloupe wallfahrteten, und übergab die Leitung desselben der Aebtissin des Klosters. Die Einkünfte des Hospitals wurden bald so groß, daß sie die des Klosters, eines der reichsten in Spanien, um das Dreifache übertrafen. Die Krankenpflege war zunächst zwölf Convertiten vom Orden der Cisterzienser anvertraut.[166]

Besondere Erwähnung verdienen ferner einige Verbrüderungen, welche sich die Pflege bestimmter Arten von Kranken zur Aufgabe gemacht haben.

So gründete im Jahre 1409 ein Priester, Fr. José Gilaberto, zu Valencia in Spanien nach einer großen Pest und Hungersnoth eine Krankenpflegerschaft, »de los Innocentes«, für die in Folge jener Bedrängnisse zahlreich sich darbietenden Geisteskranken, für welche dann später auch besondere Gebäude »casas de Oratas« errichtet wurden.[167]

In gleicher Weise bildete sich im Jahre 1564 zu Rom eine besondere Pflegerschaft für die Geisteskranken des im Jahre 1548 gegründeten Hospitals Santa Maria della pietà de' poveri pazzi, welches gegenwärtig mit San Spirito verbunden ist.

Unter der nicht minder beträchtlichen Zahl der Schwesterschaften für die Krankenpflege verdienen die Elisabethinerinnen die erste Stelle.

Der Orden der Elisabethinerinnen ist im Jahre 1225 von der heiligen Elisabeth, der Tochter Königs Andreas II. von Ungarn, Gemahlin des Landgrafen Ludwig von Thüringen, gegründet worden. Die edle Fürstin errichtete in einer Zeit schwerer und allgemeiner Bedrängniß zu Eisenach am Fuße der Wartburg zwei Hospitäler, in welchen sie selbst Dienste jeder Art verrichtete. Nach dem frühen Tode ihres Gemahls zog sich die 22jährige Wittwe in ein anderes zu Marburg von ihr gegründetes Hospital zurück. Sie stellte ihre Stiftungen unter den Schutz des deutschen Ordens. Von diesem gingen dieselben an die Schwesterschaft der Elisabethinerinnen über, welche im Jahre 1395 unter ihrer Oberin Angelina Corbaria, einer Tochter Jacob's von Annibali zu Fuligno, eine klösterliche Regel annahmen, zufolge welcher sie außer den drei allgemeinen Gelübden das der beständigen Krankenpflege und der Clausur ablegten. Nach einer Probezeit folgt das Noviziat, aber selbst noch ein Jahr nach der Einkleidung ist den Schwestern verstattet, den Orden zu verlassen; später ist dies nur auf den Grund einer päpstlichen Dispensation erlaubt, aber auch dann dürfen sich die Ausgeschiedenen niemals verheirathen.

Die Elisabethinerinnen verpflegen nur weibliche Kranke; indeß haben die Schwestern dieses Ordens zu Wien, welche daselbst seit dem Jahre 1710 ansäßig sind, während der Erstürmung der Stadt im Jahre 1848 von dieser Regel sehr zahlreiche Ausnahmen gemacht.[168]

Noch ausgedehnter und segensreicher ist seit früher Zeit bis auf unsere Tage die Wirksamkeit der weltlichen Krankenpfleger-Schwesterschaften (Filiae Dei; Filles et Dames hospitalières etc.) gewesen.

Zu den ältesten von ihnen gehören die Hospitaliterinnen der heiligen Catharina, welche in Paris schon im Jahre 1180 erwähnt werden. Ihre Verpflichtung bestand darin, arme fremde Frauen und Mädchen drei Tage lang zu verpflegen, und die in den Gefängnissen, auf den Straßen u. s. w. Gestorbenen zu begraben.[169]

Im Hôtel-Dieu zu Paris verrichteten seit dem Jahre 1217 38 Brüder und 38 Schwestern, unter einem Meister und einer Meisterin und unter der Oberaufsicht des Kapitels von Notre-Dame den Krankenpfleger-Dienst. Später wurde derselbe von Laienschwestern (Augustinerinnen), dann von den barmherzigen Schwestern übernommen.

Die Geschichte der Mehrzahl dieser Hospitaliterinnen bietet indeß ein so geringes Interesse dar, daß es genügt, auf die bei Helyot sich findenden näheren Nachrichten zu verweisen, welche sich hauptsächlich auf die Hospitaliterinnen von Baugé und Beaufort, auf die des heiligen Joseph, der heiligen Martha von Caen, des heiligen Ludwig von Pontoise in der Maison-Dieu zu Orleans, und mehrere andere beziehen.

Das sechszehnte Jahrhundert bildet auch in der Geschichte der öffentlichen Krankenpflege einen wichtigen Wendepunkt. Der fromme und werkthätige Eifer der ersten Jahrhunderte war längst erkaltet, aber auch die meisten von den später gegründeten Anstalten und Verbrüderungen zur Pflege der Bedrängten und der Kranken waren ihrem ursprünglichen Zwecke gänzlich entfremdet worden. Durch die Reformation wurde in dieser Beziehung im Allgemeinen eine überaus heilsame Umgestaltung herbeigeführt. Am spätesten trat diese freilich gerade in denjenigen Ländern hervor, welche sich am frühesten der Kirchenverbesserung zuwendeten. Hier konnte es nicht fehlen, daß der Eifer, welchen man bei der Beseitigung vieler Mißbräuche entwickelte, häufig auch den wohlthätigen Anstalten den empfindlichsten Schaden zufügte. Namentlich verfuhr man bei der Säcularisation vieler geistlicher Stiftungen häufig mit einer Gründlichkeit, welche den unwiederbringlichen Verlust ihrer früheren oft so reichen Hülfsmittel nach sich zog.

Durch den belebenden Hauch des neuen Geistes, welcher seit dem sechszehnten Jahrhundert die ganze christliche Kirche erfüllt, sehen wir am frühesten in den der katholischen Lehre erhaltenen Ländern eine Reihe von Stiftungen sich gestalten, von denen gesagt werden muß, daß sie durch die Reinheit ihrer Zwecke und durch den Eifer, mit welchem sie dieselben verfolgen, alles Frühere dieser Art hinter sich lassen.

Unter den seit der Reformation in den katholischen Ländern gegründeten männlichen Krankenpfleger-Orden hat keiner so umfangreich und segenvoll gewirkt, als der der barmherzigen Brüder. — Als Stifter desselben wird ein frommer Spanier, Johann von Gott (Juan di Dios), und als die Zeit der Gründung das Jahr 1534 genannt. Johann von Gott, ein unermüdlicher Wohlthäter der Armen und Kranken, errichtete zuerst zu Granada eine kleine Armenanstalt, und verband mit ihr eine Laienbrüderschaft von Krankenpflegern. — Mit dem Jahre 1592 theilte sich der Orden in zwei Generalschaften, eine für Spanien und Westindien, die zweite für Rom (wo das erste Hospital auf der Tiberinsel errichtet wurde) und die übrigen Länder. — Als hundert Jahre später Johann von Gott heilig gesprochen wurde, zählte die Congregation bereits achtzehn Hospitäler. Noch später hat der Orden seine Wirksamkeit so sehr erweitert, daß er in der Generalschaft Rom 155 Hospitäler mit 7210 Betten und jährlich 150,000 Kranken, in der Generalschaft Spanien 138 Hospitäler mit 4140 Betten und 47,000 Kranken jährlich zu unterhalten vermochte.

Die barmherzigen Brüder haben seit langer Zeit die Regel des heiligen Augustin angenommen. Durch ihre eigenen Satzungen wird außerdem als Zeit des Eintritts das 18te bis 31ste Jahr bestimmt. Die Aufnahme findet nach einem Noviziate durch geheime Abstimmung Statt, und macht allen Mitgliedern ohne Ausnahme die beständige Pflege von Kranken jeder Confession zur Pflicht. — Die barmherzigen Brüder sind über alle katholischen Länder ausgebreitet. In den österreichischen Staaten besitzt der Orden gegenwärtig 29 Hospitäler, in welchen jährlich über 20,000 Kranke Aufnahme finden.[170]

Eine minder berühmte Congregation von Hospitalitern wurde in Spanien bereits zu Ende des sechszehnten Jahrhunderts von dem heiligen Bernhardin von Obregon gestiftet. Die Angehörigen des Ordens, welche die dritte Regel des heiligen Franciscus befolgten und gewöhnlich Frères infirmiers minimes oder auch Obregons genannt werden, widmeten sich hauptsächlich der Krankenpflege, dem unablässigen Gebet und den strengsten Bußübungen, und erlangten in Spanien und Portugal, zum Theil auch in den Niederlanden, eine sehr bedeutende Verbreitung.[171]

Zu den seit der Reformation gegründeten katholischen Hospitalitern gehören ferner die Bons Fieux (Bons Fils), welche im Jahre 1615 zu Armentières in Flandern entstanden; ursprünglich eine kleine Anzahl von Handwerkern, welche nach Art der Begharden ein gemeinsames und frommes Leben führten, später Mehreres von der Regel des dritten Ordens des heiligen Franciscus annahmen, und im Jahre 1679 auf den Wunsch Ludwigs XIV. den Krankendienst in den Hospitälern zu Dünkirchen, Bergen und Ypern übernahmen. Außerdem widmeten sie sich auch ferner dem Elementar-Unterrichte und dem Krankendienste in Privatwohnungen, besonders bei Geisteskranken.

Zu den interessanteren Verbrüderungen dieser Art gehört die Confraternitá della perseveranza zu Rom, welche seit dem Jahre 1663 besteht. Den alten Parabalanen gleich suchen die Mitglieder hülfsbedürftige Fremdlinge in den Herbergen auf, leisten ihnen jede Art des Beistandes, und bestatten die ihrer Krankheit Erliegenden zur Erde.

Weniger umfassend sind die Obliegenheiten einer ähnlichen seit dem Jahre 1551 zu Rom bestehenden Verbrüderung, der Archifraternitá della morte e della orazione. Es werden von ihr die Landleute beerdigt, welche in den römischen Hospitälern sterben, so wie die Todten in der weiten Campagna, oft aus weiter Entfernung, nach Rom gebracht und daselbst begraben.[172]

Mehrere von diesen und andern Krankenpfleger-Orden, deren vollständige Aufzählung unsrer Aufgabe fern liegt, verbreiteten sich bis in die neue Welt. Die Brüder des Ordens vom heiligen Hippolyt kamen 1585 nach Mexiko, die Bethlehemiter um 1650 nach Guatemala und Westindien; die Hospitaliter vom heiligen Joseph oder der heiligen Dreieinigkeit verbandet sich im Jahre 1642 mit den canadischen Missionären.

Aber glänzender noch strahlen seit dem Beginne des sechszehnten, und noch mehr seit dem des siebzehnten Jahrhunderts die Verdienste der frommen Schwesterschaften der katholischen Kirche, welche sich der Pflege der Elenden und der Kranken mit einem Eifer und einer Hingebung widmen, die über jedes Lob erhaben sind.

Die erste Stelle unter ihnen gebührt in jeder Beziehung dem ehrwürdigen Orden der barmherzigen Schwestern, der Stiftung des heiligen Vincent de Paula.[173]

Schon vor der eigentlichen Gründung des Ordens der barmherzigen Schwestern hatte de Paula in Verbindung mit der Gattin des Präsidenten Goussault zu Paris einen Verein von Frauen errichtet, welche sich im Hôtel-Dieu der Krankenpflege widmeten. Nach kurzer Zeit traten zu der Schwesterschaft des Hôtel-Dieu noch mehrere andere in andern Parochieen von Paris hinzu, welche sich unter der Leitung von Geistlichen und unterstützt von dienenden Genossinnen denselben frommen Werken hingaben.

Die Stiftung der barmherzigen Schwestern wird in der Regel auf das Jahr 1617 verlegt. In diesem Jahre hatte der heilige Vincent zu Chatillon les Dombes en Bresse in einer Predigt das Mitleid seiner Zuhörer für eine arme kranke Familie erregt. Es zeigte sich so viel Eifer für die Pflege dieser und anderer Kranken, daß eine regelmäßige Leitung der frommen Angelegenheit nöthig erschien, und es bildete sich eine Schwesterschaft der Dienerinnen der armen Kranken (Servantes des pauvres malades). Dennoch würde es vielleicht nicht gelungen seyn, den anfänglichen Eifer rege zu erhalten, wenn nicht eine für die Zwecke des Ordens hoch begeisterte Frau, Louise de Marillac, die Gattin des Secretärs der Königin Maria von Medicis, Legras, demselben beigetreten wäre. Sie muß in vieler Hinsicht als die Stifterin des Ordens der barmherzigen Schwestern betrachtet werden. Mit unermüdlichem Eifer widmete sie sich in Privathäusern und Hospitälern der Pflege der Kranken, und veranlaßte mehrere vornehme Damen ihrem Beispiele zu folgen. Seit dem Jahre 1625, seit dem Tode ihres Gatten, und nachdem sie mit Vincent de Paula in Verbindung getreten war, verdoppelte sie ihre Anstrengungen. Im Jahre 1633 wurde Frau Legras von Vincent an die Spitze des Ordens gestellt.

Im Jahre 1636 wurden viele Schwestern durch die Oberin in einem besonderen Gebäude vereinigt, in welchem Kinder, später auch arme Mädchen und Frauen, aufgenommen wurden, um ihnen Unterricht, leibliche und geistige Pflege zu widmen. Die Leitung des von de Paula gegründeten Findelhauses wurde ebenfalls der Frau Legras übertragen. Im Jahre 1645 übernahm der Orden auch noch die Pflege der Geisteskranken und der Pfründner von Paris. Die Königliche Bestätigung wurde demselben im Jahre 1657, drei Jahre später, im Todesjahre der Oberin, die päpstliche zu Theil.

Aber schon früher hatte sich der Orden bereits über einen großen Theil von Frankreich ausgebreitet, und mehrere bedeutende Zweige, zum Theil unter besonderen Namen, ausgepflanzt. Die wichtigsten von diesen sind die Schwestern des heiligen Carl Borromäus geworden, welche im Jahre 1626 von dem Geistlichen Pierre de Stainville zu Nancy, wo noch jetzt das Mutterhaus derselben sich befindet, gegründet wurden, und die Vincentinerinnen, deren Mutterhaus sich zu Straßburg befindet.

Die Pflegerschaft der barmherzigen Schwestern, der wohlthätigste von allen Orden der römischen Kirche, erfreut sich bis zu dieser Stunde einer überaus großen, fortwährend wachsenden Verbreitung. Schon zur Zeit Helyot's, zu Anfang des vorigen Jahrhunderts, besaßen die barmherzigen Schwestern bereits mehr als 290 Niederlassungen, mit mehr als 1500 Ordensmitgliedern in Frankreich, Polen und den Niederlanden. — Während der französischen Revolution hatte der Orden gleich allen übrigen mit den härtesten Bedrückungen zu kämpfen. Viele von den Schwestern begaben sich nach England; die Zurückbleibenden widmeten sich in der tiefsten Verborgenheit nur um so eifriger der Erfüllung ihrer Gelübde. — Die glänzendste Anerkennung wurde den barmherzigen Schwestern unter Napoleon zu Theil, dessen Heere sie in allen Feldzügen begleiteten. Einer von ihnen, der Schwester Martha, die durch die unermüdlichste und aufopferndste Thätigkeit hervorragte und von den Soldaten gleich einer Heiligen verehrt wurde, verlieh Napoleon das Kreuz der Ehrenlegion.

In Rom sind die barmherzigen Schwestern (Sorelle della caritá oder della misericordia) erst seit dem Jahre 1826 auf Veranlassung der Herzogin Maria Pamfili unter Leo XII., zunächst im Archiospedale del Santissimo Salvatore, eingeführt worden. Eine ihrer Hauptaufgaben besteht darin, akute Kranke, welche in den römischen Hospitälern in der Regel nicht aufgenommen werden, in den Wohnungen derselben zu verpflegen. Chronische Kranke werden von ihnen zweimal wöchentlich besucht; sie versorgen dieselben mit Speise und Trank, tragen die Kosten der ärztlichen Behandlung, und unterstützen überhaupt die Kranken in jeder Weise.

In Deutschland fanden die barmherzigen Schwestern, nach einem fehlgeschlagenen Versuche Josephs II. sie in Oesterreich einzuführen, zuerst im Jahre 1808 in Münster, auf Veranlassung des späteren Erzbischofs von Köln, Clemens August, Eingang. Im Jahre 1825 wurden sie nach Coblenz, bald darauf nach Trier, 1827 nach München berufen, von wo aus sie sich in kurzer Zeit über einen großen Theil von Baiern verbreiteten. — In Wien übernahmen dieselben im Jahre 1834 das Hospital in der Vorstadt

Gumpendorf, welches später unter der Leitung des homöopathischen Arztes Dr. Fleischmann so bekannt geworden ist. In Prag haben sich die barmherzigen Schwestern seit dem Jahre 1837, in Innsbruck seit 1838, in Grätz seit 1841, in Berlin seit einigen Jahren in dem neuerbauten katholischen Krankenhause niedergelassen.

Bereits im Jahre 1847 berechnete Buß die Zahl der Vincentinerinnen auf 5000, die der Schwestern des heiligen Carl Borromäus auf 600, und die Zahl der in verwandten Orden thätigen Frauen auf 10,000.

Die Satzungen der verschiedenen Zweige des Ordens, welcher gegenwärtig mit dem gemeinsamen Namen der barmherzigen Schwestern bezeichnet wird, sind in den verschiedenen Niederlassungen desselben verschieden. Im Allgemeinen müssen die Aspirantinnen im 18. bis 24. Jahre stehen, und nach einer Probezeit die drei geistlichen Gelübde ablegen. Der Kirche und dem Orden gegenüber sind sie durch diese Gelübde für ihre Lebenszeit verpflichtet; zur unmittelbaren Theilnahme an den Aufgaben des Ordens verbinden sie sich stets nur auf ein Jahr. Einzelne Zweige des Ordens sind nur in Hospitälern, andere nur in Privatwohnungen, noch andere in beiden thätig; einige verpflegen nur Frauen, andere auch Männer; einige Zweige widmen sich lediglich der Bekehrung gefallener Mädchen, andere dem Unterrichte u. s. w.

Zu den in Frankreich während des siebzehnten Jahrhunderts gegründeten Krankenpfleger-Schwesterschaften gehören ferner die Filles hospitalières de St. Thomas de Villeneuve. Sie wurden im Jahre 1659 bei Gelegenheit der Kanonisation des heiligen Thomas von Villeneuve, eines großen Wohlthäters der Armen, von dem Pater Ange le Proust, vom Orden der Eremiten des heiligen Augustin zu Bourgues, gestiftet, und entwickelten, vorzüglich in der Brétagne, eine sehr große Wirksamkeit.[174]

Die Hospitaliterinnen von Dijon und Langres wurden im Jahre 1685 von einem Geistlichen, Joly, zu Dijon, gestiftet. Sie leisteten die glänzendsten Dienste in den Jahren 1693 und 1694, während Dijon durch Hunger und Krankheiten hart bedrängt war. Joly selbst erlag im letztgenannten Jahre den übermäßigen Anstrengungen.[175]

Ungleich später als in der katholischen Kirche hat sich unter den Protestanten der Geist der werkthätigen Liebe erneuert, welcher den schönsten Schmuck der ältesten Christengemeinden bildet. Allerdings widmeten schon die Reformatoren von Anbeginn auch dieser Seite des Gemeindelebens ihre volle Sorgfalt, namentlich waren sie darauf bedacht, das Diakonat in der ursprünglichen Gestalt des apostolischen Zeitalters wieder ins Leben zu rufen.[176] Dennoch vereinigte sich eine ganze Reihe von Ursachen, um bis auf die neuere Zeit bedeutende Erfolge aller dieser Bestrebungen nicht hervortreten zu lassen. — Die Geringfügigkeit der äußeren Mittel der protestantischen Kirche ist die erste und eine der wichtigsten dieser Ursachen. Als die zweite kommt hinzu, daß von den Reformatoren und ihren unmittelbaren Nachfolgern kaum irgend etwas so sehr hervorgehoben wurde, als die Lehre, welche an die Stelle des durch fromme Werkthätigkeit errungenen Verdienstes die beseligende Kraft des Glaubens setzt. Der hieraus entsprungene dogmatische Zwiespalt, weit entfernt das innere religiöse Leben der Gemeinden zu erwärmen, hat in der protestantischen Kirche in vieler Hinsicht dazu geführt, die äußere Bethätigung des christlichen Geistes zu beeinträchtigen. Um so erfreulicher ist der Aufschwung, welchen in neuester Zeit das innere Leben der protestantischen Kirche in Beziehung auf die öffentliche Krankenpflege darbietet. So wie aber die Reformation dazu gedient hat, auch in der katholischen Kirche eine Umgestaltung der fast gänzlich entarteten Pflegerschaften zu bewirken, so hat hinwiederum die Gründung zahlreicher Vereinigungen zur Krankenpflege in der Schwesterkirche dazu gedient, auch unter uns den werkthätigen Eifer von Neuem anzufachen, und durch die Stiftung frommer Brüder- und Schwesterschaften zu bethätigen.

Die protestantischen Brüder-Vereine haben vorzugsweise die Zwecke der Mission, namentlich der inneren Mission, im Auge.[177] Die Thätigkeit der protestantischen Schwesterschaften, der Diakonissen, ist vorzugsweise der Pflege der Kranken gewidmet. Was dieselben bereits bis jetzt gewirkt haben, das liegt vor den Augen derer, welche der stillen und anspruchslosen Thätigkeit der frommen Schwestern nachzugehen nicht verschmähen wollen.

Wie aber Deutschland die Wiege des Protestantismus war, so ist es auch die Quelle gewesen, aus der dieser neuerweckte Brunnen des Erbarmens sich in reicher und in immer reinerer Fülle ergossen hat und ferner ergießen wird, wenn er immer tiefer eindringt in das Leben der Gemeinde, vor Allem wenn er seine Nahrung findet in dem Geiste der Freiheit, welche das unvergängliche Banner unserer Kirche ist, und in dem Geiste Dessen, der da spricht:

„Es bleiben Glaube, Liebe, Hoffnung, diese drei; die Liebe aber ist die größte unter ihnen!“

Anmerkungen.

Die vom Verfasser unmittelbar benutzten Schriften sind mit einem Sternchen (*) bezeichnet.

1) »Nihil est enim tam populare quam bonitas, nulla de virtutibus tuis nec admirabilior nec gratior misericordia est. Homines enim ad deos nulla re propius accedunt, quam salutem hominibus dando.« Cicero pro Q. Ligario. c. 12.

»In omni autem honesto, de quo loquimur, nihil est tam illustre, nec quod latius pateat, quam conjunctio inter homines hominum et quasi quaedam societas et conjunctio utilitatum et ipsa caritas generis humani. Cicero, de finib. bonor. et malor. V. 23.

2) Man wird dagegen nicht das Haus anführen, welches am Ufer des Teiches Bethesda lag, in welchem die Kranken sich aufhielten, um die zum Bade günstige Bewegung des Wassers zu erwarten.

3) Schon in der Homerischen Zeit scheidet sich der Gastfreund, der ξεῖνος, von dem Hülfebedürftigen, dem Bittenden, ἱκέτης, und dem Bettler, πτωχός. — Nägelsbach, Homerische Theologie, S. 254.

4) de Gerando hat in einer berühmten Schrift (»De la bienfaisance publique. Paris 1845. 8. 4 Bde.), welche alle mit der öffentlichen Wohlthätigkeitspflege in Verbindung stehenden Fragen erörtert, gezeigt, daß bei keinem Volke des Alterthums sich eine geregelte Armenpflege findet. Bei den Aegyptern und den Juden war im Nothfall freiwillige Sklaverei auf bestimmte Zeit das Mittel, noch größerer Bedrängniß zu entgehen. Bei den Griechen wurden schuldlos verarmte Bürger unterstützt und hülflose Greise in Gerokomien verpflegt; bei den Römern erhielten arme Bürger, wenn sie Väter dreier Söhne waren, einen Beitrag zu den Erziehungskosten. Es fanden ferner in Zeiten der Noth Vertheilungen von Getreide, später von Geld, Statt, ja es finden sich selbst Nachrichten von Armenhäusern und milden Stiftungen; und dennoch ist dies Alles mit den Einrichtungen, welche das Christenthum ins Leben rief, weder seinem Umfange noch seinem Sinne nach zu vergleichen. — Die angedeutete Nachricht über ein römisches Armenhaus findet sich in Spon, Recherches curieuses d'antiquité. Lyon 1683.

4. p. 326—40 und bei *Rosenbaum zu Sprengel's Geschichte der Arzneikunde. 4. Aufl. Leipzig 1846. I. S. 208 ff. Dem Collegium des Aeskulap und der Hygiea wird im Jahre 154 nach Chr. von mehreren Personen ein Gebäude an der Appischen Straße vermacht, in welchem sechzig Mitglieder jenes Collegiums wohnen und unterhalten werden, während zugleich an gewissen Tagen des Jahres Spenden von Geld, Wein und Brod vertheilt werden.

5) Vergl. *Barthélemy, Voyage du jeune Anacharsis en Grèce. ch. 34 und die daselbst angeführten Belegstellen, z. B. Thucydid. II. 29. V. 59 u. m. a.

Zur Beherbergung von Fremden diente bei den Griechen wahrscheinlich auch die Lesche, ein öffentliches Gebäude mit Säulengängen, Bänken, im Innern mit heizbaren Gemächern, in welchem sich die Bürger versammelten, um der Muße zu pflegen und je nach Witterung und Jahreszeit der Schattenkühle oder der Wärme zu genießen. Zur Zeit Hesiod's galt der Besuch der Lesche für unschicklich (Werke und Tage, 493). Daß sie in ältester Zeit den Bettlern als Herberge diente, zeigt die Stelle der Odyssee, in welcher die Magd Manetho den als Bettler verkleideten Odysseus zur Lesche weist (Odyss. 18. 329.). Später versammelten sich auch die würdigsten Männer, in Sparta vorzüglich die Greise, in der Lesche. Athen hatte deren sehr viele. Die Einrichtungen dieser Gebäude waren oft sehr glänzend. So gründeten die Knidier die Lesche zu Delphi, welche durch die Gemälde des Polygnotus so berühmt wurde. — Vergl. die sehr gründliche Darstellung von *Thorlacius, Prolusiones et opuscula academica. Havn. 1806. 8. p. 69—96. — Welcker, die Polygnotischen Gemälde der Lesche zu Delphi. (Abhandl. der Berlin. Akad. der Wiss. 1848.)

6) Vitruvius (*de architectura VI. 7 (10) schildert uns die Einrichtung der Gastzimmer in den nach griechischer Art gebauten, zu seiner Zeit in Italien sehr gewöhnlichen Wohnhäusern. Die Gastzimmer (»hospitalia«) befanden sich rechts und links vom Hauptgebäude in besonderen Häuschen (»domunculae«) und gestatteten dem Gastfreunde den unbeschränktesten Aufenthalt.

7) Im größten Umfange hatten die Bürger z. B. diese Pflicht zu üben, als im J. 27 n. Chr. durch den Einsturz eines Theaters zu Fidenae (unweit Rom) 50,000 Menschen theils getödtet, theils verwundet wurden. Tacitus fügt am Schlusse seines Berichtes in den Annalen (IV. c. 62) hinzu: »Caeterum sub recentem cladem patuere procerum domus, fomenta et medici passim praebiti, fuitque Urbs per illos dies, quamquam maesta facie veterum institutis similis, qui magna post praelia saucios largitione et cura sustentabant.

8) Vgl. Haeser, Lehrb. der Gesch. der Med. 2. Aufl. Jena 1853. 8. S. 26. Anmerk. 7.

9) Pausan. II. 27. 2: „τοῦ ναοῦ δέ ἐστι πέραν, ἔνθα οἱ ἱκέται τοῦ θεοῦ καθεύδουσιν.“ — Ibid. X. 32. 8: „σταδίοις δὲ ἀπωτέρω Τιθορέας ἑβδομήκοντα ναός ἐστιν Ἀσκληπιοῦ — ἐντὸς μὲν δὴ τοῦ περιβόλου τοῖς δὲ ἱκέταις καὶ ὅσοι τοῦ θεοῦ δοῦλοι τούτοις μὲν ἐνταῦθα εἰσὶ καὶ οἰκήσεις.“

10) Vgl. über die angegebene Bedeutung von ἱκέται *Rosenbaum zu Sprengel I. 180. 27. — 185. 43.

11) Pausanias II. 27. 7. Deshalb hat auch die Ansicht von Böttiger (*Ideen zur Kunstmythologie, 2. Ausg. Erster Band. Leipzig 1850. 8. S. 207.), „daß aus den Kranken-Anstalten und Lazarethen der Phönicier auf den Inseln Kos, Aegina, an der peloponnesischen Küste, besonders zu Epidaurus, die gewöhnliche, mit Weihung und Beschwörung verbundene älteste Medicin hervorgegangen“, um so weniger Anspruch auf Berücksichtigung, als Böttiger unterläßt, diese Ansicht durch Beweise zu unterstützen.

12) Plinius, Hist. nat. 29: »Non rem antiqui damnabant, sed artem. Maxime vero quaestum esse immani pretio vitae recusabant. Ideo templum Aesculapii, etiam cum reciperetur is Deus, extra urbem fecisse iterumque in insula traduntur.«

13) »In insula Aesculapii aedes facta fuit, quod aegroti a medicis aqua maxime sustentantur.« Schlüter schließt hieraus auf den Gebrauch von Trinkkuren! (*Schlueter, de Aesculapio a Romanis adscito. Monast. 1833. p. 32.) Allerdings soll das Wasser der Tiberinsel von besonderer Güte seyn. Aus einem ehemaligen Brunnen, in welchem die Reliquien des heiligen Paulinus entdeckt wurden, trank man in christlicher Zeit mit besonderer Andacht. Die Marmorplatte des Altars in der Kirche San Bartolommeo ruht noch jetzt auf einer sehr schönen antiken Badewanne. — Reste des Tempels, ein Stierkopf und ein Schlangenstab in erhabener Arbeit, nebst Fragmenten eines Brustbildes des Aeskulap, sind noch jetzt vorhanden. Eine Statue des Gottes, welche hier gefunden ward, befindet sich jetzt im Königlichen Museum zu Neapel.

14) Suetonius, vita Claudii, c. 25. »Cum quidam aegra et affecta mancipia in insulam Aesculapii taedio medendi ponerent, omnes qui exponerentur, liberos esse sanxit, nec redire in ditionem domini si convaluissent; quod si quis necare quem mallet, quam exponere, caedis crimine teneri?«

Dion Cassius erwähnt dieser Fürsorge des Claudius gleichfalls, ohne jedoch der Tiberinsel zu gedenken. — Die Bestimmungen des Claudius gingen in das römische Recht über: »Servus aegrotus, nisi ejus curam gerat dominus, sit liber.« Cod. Just. VI. tit. 4. Digest. I. tit. 5. l. 52. — XXXIV. l. 16. 19. 20. 22.

Außer dem Tempel des Aeskulap befanden sich auf der Tiberinsel noch ein Tempel des Jupiter und des Faunus.

Im Mittelalter hieß die Insel Insula Lycaonica. Die älteste Kirche derselben war ursprünglich Johannes dem Täufer, später dem Heiligen Giovanni di Dio geweiht. Diese Kirche wurde durch Urban VI (1378—1389) mit einem benachbarten Kloster der Benedictinerinnen vereinigt, welches 1581 in die Hände der barmherzigen Brüder (Benfratelli) überging. Diese gründeten das Hospital, welches noch jetzt besteht und 74 männliche Kranke aufzunehmen vermag. Ihren jetzigen Namen verdankt die Tiberinsel der um das Jahr 1000 erbauten Kirche San Bartolommeo. —

Vergl. *Platner, Bunsen &c. Beschreibung der Stadt Rom. Stuttgart 1842. 8. III. 3. S. 560 ff. *Becker, Handbuch der römischen Alterthümer I. 651.

15) Xenophon, Anabasis, cap. α.

16) Plutarch. Solon. c. 31: „(νόμος) τοὺς πηρωθέντας ἐν πολέμῳ δημοσίᾳ τρέφεσθαι κελεύων.“

17) *Houdart, Histoire de la médecine grecque depuis Ésculape jusqu'à Hippocrate exclusivement. Paris 1856. 8. p. 181: »Chaque iatreion était pourvu de tout ce qui était nécessaire pour le traitement des maladies *tant internes* que chirurgicales. Là les élèves voyaient pratiquer toutes les opérations: là ils pouvaient tout à leur aise *suivre le cours des maladies et en étudier les différentes phases*« etc.

18) Die *ἰατρεῖα* waren häufig sehr ansehnliche Gebäude. Der Philosoph Timäos macht es seinem Gegner Aristoteles, dessen Vater Nikomachus bekanntlich Arzt Philipp's von Macedonien war, zum Vorwurfe, daß er auf den Besitz eines sehr werthvollen *ἰατρεῖον* Verzicht geleistet habe: „*τὸ πολυτίμητον ἰατρεῖον ἀρτίως ἀποκλεικότα.*“ Polybii, Diod. Sic. etc. excerpta ex collect. Constant. Porphyrogen. Paris 1634. p. 46. — Galen (Comment. I. in Hippocr. de offic. med. ed. Chartier XII. p. 19) beschreibt die *ἰατρεῖα* als große Häuser mit hohen Thüren, um dem Lichte so viel Eingang als möglich zu verschaffen. Sehr viele Städte stellten solche *ἰατρεῖα* noch zu seiner Zeit den von ihnen angestellten Aerzten zur Verfügung. Bei den Römern ist bekanntlich das älteste Beispiel dieser Art das des Archagathus, welchem der Senat ein solches *ἰατρεῖον* (denn dafür ist die »taberna publice emta« zu halten) kaufte. (Plin. Hist. nat. 29. 1.) Daß die *ἰατρεῖα* einen vollständigen medicinischen Apparat ent-

hielten, geht theils aus der Schrift des Hippokrates κατ' ἰητρεῖον, theils aus der Beschreibung des Antiphanes bei Pollux, Onomast. X. 46. hervor. Hier werden Büchsen, Schröpfköpfe, Injectionsspritzen, Badewannen, Becken u. s. w. erwähnt. Durch die Menge dieser metallenen Geräthe erhielt das Ganze ein glänzendes Ansehen — „λαμπρότατον ἰατρεῖον ἐν χαλκοῖς πάνυ." — Andere fügten sonstige die Augen blendende Curiositäten hinzu, Brennspiegel u. dgl. — Die Hauptstellen der alten Schriftsteller über die ἰατρεῖα finden sich bei *Rosenbaum zu Sprengel's Gesch. der Arzneik. I. 222. 223 sehr vollständig verzeichnet.

19) Columella, de re rustica XI. 1. 18. Es wird dem Villicus empfohlen, sich Abends nach der Heimkehr von der Arbeit um die Leute zu kümmern, den Verwundeten Umschläge zu reichen — »sive alter languidior est in valitudinarium confestim deducat et convenientem ei ceteram curationem adhiberi jubeat.« — XII. 3. 7 seq. wird die Villica beauftragt, sich nach der Ursache vorkommender Arbeitsversäumnisse zu erkundigen — »exploretque utrum adversa valitudine inhibitus restiterit an pigritia delituerit, et si compererit vel simulantem languorem, in valitudinarium deducat. Praestat enim opere fatigatum sub custodia requiescere unum aut alterum diem, quam pressum nimio labore veram noxam accipere.« — »Valitudinaria quoque, vel si vacent ab imbecillis, identidem aperire et immunditiis liberare, ut, cum res exegerit, bene ordinata et ornata et salubria languentibus praebeantur.«

20) »Qui ampla valitudinaria nutriunt, quia singulis summa cura consulere non sustinent, ad communia ista confugiunt.« (Celsus, Prooem. ad fin.) Diese bisher von den Archäologen sehr wenig, von den Aerzten gar nicht beachtete Stelle ist sehr geeignet, auf die wichtigsten Beziehungen ärztlicher Thätigkeit zur Zeit des Celsus ein helles Licht zu werfen. Zunächst ist klar, daß die von Targa nach einer Handschrift hergestellte Lesart »ampla valitudinaria nutriunt« statt des früheren »ample valitudinarios nutriunt« die einzig mögliche ist. Geradezu unbegreiflich ist, wie Scheller (*Celsus acht Bücher über die Arzneiwissenschaft. Braunschweig, 1846. 8. I. 50) hat übersetzen können: „Auch die, welche die Verpflegung ihrer Kranken immer auf dieselbe Weise betreiben, weil sie außer Stande sind, jeden einzelnen Punkt gehörig zu besorgen!" — Daß »nutrire« für »curare« öfter bei Celsus vorkommt, hat Targa a. a. O. selbst bereits gezeigt. Die Stelle liefert zugleich den Beweis, daß in der Regel die erkrankten Sklaven von ihren Herren selbst ärztlich behandelt wurden, und sie eröffnet uns damit einen klaren Blick in die Beweggründe, welche reiche, gebildete Römer, wie z. B. Cato, Celsus

zu einer angelegentlichen Beschäftigung mit der Medicin führten, sie entscheidet die so lange streitig gewesene Frage, ob Celsus praktischer Arzt gewesen, auf die einfachste und naturgemäßeste Weise. Sie lehrt uns, daß die Besitzer großer Sklaven-Familien bei den Alten um ihres Vortheils willen sich selbst der ärztlichen Behandlung ihrer kranken Sklaven unterzogen, gerade so wie noch jetzt gebildete Landwirthe sich, oft mit dem besten Erfolge, mit dem Studium der Thierheilkunde beschäftigen. Endlich liegt in der Stelle zum Theil die Erklärung der großen Verbreitung des methodischen Systems in der Kaiserzeit, welches durch seine Einfachheit sich ungefähr denselben Beifall erwarb, als es in unsern Tagen mit der Homöopathie bei vielen Landwirthen der Fall gewesen ist.

Die Angaben Renzi's zu der besprochenen Stelle des Celsus (in seiner Ausgabe desselben. *Neap. 1851. 8.) entbehren jeder sicheren Begründung.

21) Seneca, de ira, I. 16. 4. »Si intrassem valitudinarium exercitatus et sciens aut domus divites, non idem imperassem omnibus per diversa aegrotantibus.« — Nat. quaest. Prooem. §. 5. »Quid est, cur suspiciamus nosmet ipsos, quia dissimiles deterrimis sumus? Non video, quare sibi placeat qui robustior est in valitudinario.« — Epist. mor. 27. 1. »Non sum tam improbus, ut curationes aeger obeam, sed tanquam in eodem valitudinario jaceam, de communi tecum malo colloquor et remedia communico.«

So bezeugt die bildliche Art, in welcher Tacitus von den Valitudinarien spricht, daß sie zu seiner Zeit sehr bekannte, aber gewiß nicht sehr beliebte Einrichtungen waren. Tacit. de oratorib. 21. »Nec unum de populo, non Canutii aut Arrii deformitatem memorabo, quique alii in eodem valitudinario haec ossa et hanc maciem probant.«

22) *Lipsius, Saturn. serm. I. c. 14. — Bei *Orelli, Inscript. lat. select. Turic. 1828. 8. I. p. 447. No. 2553 et 2554 kommen zwei Freigelassene, Eutychus und Claudius, als Medici ludi matutini vor.

23) Die Gladiatoren waren Anfangs Sklaven oder Verbrecher. Später bildeten sie einen besonderen Stand. Ihre Menge war besonders unter den Kaisern sehr groß. Einzelne Bürger besaßen eine ganze »Familia gladiatoria.« Besonders zahlreich waren die von den Kaisern unterhaltenen »Gladiatores fiscales.« Vitellius z. B. führte ihrer gegen 2000 gegen Otho aus Rom. Aber es gab auch freie Gladiatoren, die sich, wie die Athleten, in »collegia« vereinigten und zu den Spielen vermietheten oder durch besondere Unternehmer (»lanistae«) vermiethet wurden.

Die Zahl der Gladiatorenschulen war ebenfalls sehr bedeutend. Jeder Ludus enthielt zahlreiche Zellen für die Einzelnen. Getödtete Gladiatoren kamen in das »Spoliarium«, schwer verwundete wurden umgebracht. Schon hieraus erhellt, daß die Aufgabe der Aerzte in diesen Anstalten mit der von Hospitalärzten wenig gemein hatte.

Vgl. die Abhandlung von *Henzen in Dissertazioni della pontificia accademia Romana. Vol. XII. 1852. p. 72 seq.

24) H. Haeser, Gesch. d. Med. S. 210. — *W. A. Becker, Handbuch der römischen Alterthümer, fortgesetzt von Marquardt. Leipzig 1853. 8. III. 2. 428.

25) Tit. Liv. Dec. I. l. II. c. 47. Vgl. *Rosenbaum zu Sprengel a. a. O. I. 499.

26) Mehrere Antiquare haben die »Taberna meritoria«, welche Alexander Severus an den Papst Calixtus I. überließ, um an dieser Stelle die Basilica Calixti, die jetzige Kirche Santa Maria in Trastevere, zu erbauen, für ein Gebäude zur Verpflegung ausgedienter Soldaten erklärt. Mit überwiegenden Gründen halten die meisten Archäologen die Tabernae meritoriae, die auch im Mittelalter häufig vorkommen, für gewöhnliche Wirthshäuser. *Platner, Bunsen u. s. w. Beschreibung der Stadt Rom III. 3. 660.

27) Alles, was sich auf die Uebung der Wohlthätigkeit in den ersten Zeiten des Christenthums bezieht, ist von Chastel überaus vollständig zusammengestellt worden. *Et. Chastel, Études historiques sur l'influence de la charité durant les premiers siècles chrétiens et considérations sur son rôle dans les sociétés modernes. Paris 1853. 8. pp. XV. 419. — Deutsch von Wichern. Hamb. 1854. 8. — In Betreff der Diakonie genügt es, auf die allgemeinen Darstellungen von *Casp. Ziegler, De diaconis et diaconissis veteris ecclesiae liber commentarius. Viteb. 1678. 4. pp. XXX. 266. eine eben so gründlich als ansprechend geschriebene Abhandlung, und auf die Artikel „Diakon" und „Diakonisse" von Jacobson und Herzog in *Herzog, Real-Encyklopädie für protestantische Theologie und Kirche. Stuttg. u. Hamb. 1855. 8. Bd. 3. zu verweisen.

28) Apostelgeschichte 2, 42 ff. — 4, 32 ff. — Die Agapen verloren indeß schon früh diesen Charakter des Gemeinschaftlichen. Im fünften Jahrhundert beschränkten sie sich auf die Vertheilung von Lebensmitteln bei Leichenbegängnissen; eine Sitte, die vielfach bis zu dieser Stunde in den widerlichsten Formen fortlebt.

29) Die „Chasanim" des alten Testaments heißen im neuen wie die Diener der griechischen Tempel: ὑπηρέται.

30) 1 Timoth. 3, 8—13. — Apostelgesch. 6, 1—6.

31) »Sed et eos, qui secundum carnem aegrotant, sollicite perquirant, et plebi, si forte plebs ignorat, indicent de his, ut ipsi visitent eos, et quae necessaria sunt praebeant eis cum conscientia ejus qui praeest. Quod tamen etiam si palam fecerint, non peccabunt.« Clemens Romanus d. epist. 1.

»Oportet igitur, ut vos diaconi omnes visitetis, quibus visitatione opus est, et de calamitosis et afflictis nunciate episcopo vestro.« Constitut apostol. lib. III. c. 19. (Ziegler, l. c. 163 seq.)

32) Vgl. H. Haeser, historisch-pathologische Untersuchungen. Dresden und Leipzig 1839. Bd. 1. S. 77 ff. — *Eusebius, Hist. eccl. VII. 22. — V. 8.

33) *Thomassin, Vetus et nova ecclesiae disciplina. Lugd. 1706. fol. III Tomi. (Lateinische, vom Verfasser selbst bearbeitete Ausgabe des ursprünglich französisch geschriebenen Werkes.) Pars III. lib. 2. c. 6. No. 6.

34) Ziegler, l. c. 261 seq. — Eine der von Ziegler angeführten Nachrichten über gewisse Krankheiten, die bei unzüchtigen Diakonen vorkamen, wird an geeigneterer Stelle besprochen werden.

35) Thomassin, l. c. 276.

36) »Quod si hujusmodi non fuerint consanguinitatis castimoniaeque personae (— Gattinnen der Diakonen —) multas anus nutrit ecclesia, quae et officium praebeant et beneficium accipiant ministrando, ut infirmitas quoque tua fructum habeat eleemosynae.« S. Hieronymus ad Nepotianum. (Ziegler l. c. 354.)

37) Mehrere Beispiele s. bei Thomassin, l. c. 806.

38) Moreau-Christophe, Du problème de la misère II. 236 ff. — Chastel, a. a. O.

39) Thomassin, T. I. p. 529. »Usque adeo sane implicata sibi innexaque ista sunt, ut vix usque quaque sejungi possint. Erant et in monasteriis xenodochia, erant et in xenodochiis monasteria (erant denique in utrisque oratoria). Quae res ita comparatae sunt, non possunt non aliquando aliae in alias incurrere et permisceri.« — *Muratori, De hospitalibus peregrinorum, infirmorum, infantium expositorum etc. diss. In. Scriptor. rer. italic. med. aevi. Mediol. 1740. fol. T. III. (p. 553—606), p. 592: »Quoties xenodochii nomen occurrit in veterum libris et chartis (occurrit autem saepe) non continuo excogitandum, ea tantum loca significari, quibus adventantes peregrini exciperentur; ea enim appellatio amplectebatur omnia caritatis domicilia, sive pauperibus, sive peregrinis, sive aegrotantibus constituta, quemadmodum et nostris temporibus hospitalium nomine singula misericordiae loca designamus, in quibus vel peregrinis

vel egentibus, vel senibus vel aegris alimenta et reliqua pietatis officia praestantur.«

40) Wie bedeutend die Wirksamkeit aller dieser Anstalten schon in früher Zeit war, geht z. B. daraus hervor, daß zur Zeit des heiligen Chrysostomus (347—438 n. Chr.) die Kirchen zu Constantinopel täglich, außer den Gefangenen, Fremdlingen, Aussätzigen und Beladenen aller Art, 3000 Arme zu ernähren hatten. (Chrysostomus, Homil. in Matth. 67.)

Zu den zahlreichsten Anstalten gehörten die Brebotropheia. Ihren Namen „Krippen" (crèches) erhielten sie von der in Frankreich schon im 5ten Jahrhundert nachweisbaren Sitte, die ausgesetzten Kinder in eine am Eingange der Kirchen befindliche marmorne Wanne oder Krippe zu legen. — Die ausführliche Geschichte dieser Anstalten S. bei *de Gerando, a. a. O. II. 55 ff.

Beispiele von Irrenanstalten aus alter Zeit führen an: Moreau-Christophe, Du problème de la misère I. 123. — Villeneuve, Économie polit. chrét. II. 273 (de Gerando).

41) »Infirmorum cura ante omnia adhibenda est, ut sicut revera Christo, ita eis serviatur.«

42) »Cellerarius«, heißt es in der Regel des heiligen Benedikt, »omni congregationi sit sicut pater. Infirmorum, infantium, hospitum pauperumque cum omni sollicitudine curam gerat.«

Für das Mutterhaus des Benediktiner-Ordens zu Monte Cassino wird eines Xenodochiums und einer Krankenanstalt (»Infirmarium ad opus aegrotantium fratrum«), sowie eines Hospitalarius und Infirmarius gedacht. (*Tosti, Storia della badia di Monte Cassino. Napoli 1843. 8. 3 vol. II. 193. 202. 292.

43) »Ad portam monasterii locus talis sit rite habendus, in quo adventantes quique suscipiantur. — Juxta ecclesiam, in qua presbyteri cum ministris suis divinum explent officium, sit hospitale pauperum. — Sit etiam intra monasterium receptaculum ubi viduae et pauperculae tantummodo recipiantur et alantur.« Concil. Aquisgranense, Canon. 28. (Thomassin, l. c. 518.)

44) *J. B. Scharold, Geschichte des gesammten Medicinalwesens im ehemaligen Fürstenthum Würzburg. Würzb. 1825. 8. S. 11.

45) Die Namen dieser Anstalten sind eben so unbestimmt als ihre Wirksamkeit. Die älteste umfassendste Bezeichnung ist ξενών, dann ξενοδοχεῖον. Im Abendlande heißen sie ebenfalls xenodochia oder hospitalia und hospitia. Andere Namen kommen bei solchen Anstalten vor, welche gewisse besondere wohlthätige Zwecke verfolgen.

Gewöhnlich wird angeführt, daß sich die Wohlthätigkeitsanstalten sehr vermehrten, seitdem das Concilium zu Nicaea (525 nach Chr.) der Geistlichkeit die Gründung derselben ans Herz gelegt habe. Es ist indeß nachgewiesen, daß der betreffende Canon (70) unächt ist.

46) Eine solche umfassende Wirksamkeit zeigen selbst noch mehrere erst in späterer, ja in neuerer Zeit gegründete Anstalten, z. B. das Julius-Hospital in Würzburg. So ist auch das große Hospital San Spirito in Rom seit seiner Gründung bis auf diesen Tag Kranken-, Waisen- und Findelhaus gewesen.

47) Als Belegstelle wird Epiphanias, advers. haereses lib. III. p. 905 angeführt. Es gelang nur, eine Stelle dieses Schriftstellers aufzufinden (II. p. 676), in welcher „οἱ ἐν ξενοδοχείῳ ἄῤῥωστοι" erwähnt werden. Solche Anstalten, die man in Pontus Ptochotropheia nenne, sagt Epiphanias, werden von den Vorstehern der Kirche gegründet, um Schwache und Gebrechliche aufzunehmen und zu verpflegen. — Ferner wird gesagt, daß der heilige Basilius bereits eines zu seiner Zeit in Amasia bestehenden Armenhauses (Ptochotropheion) erwähne. S. Basilii epist. 176.

48) Du Cange, Famil. Byzant. Const. Christ. IV. 9.

49) Wir folgen im Wesentlichen der von Hecker (Zeitschrift des Vereins für Heilkunde in Preußen. 1841. No. 21., *Schmidt's Jahrbücher d. ges. Med. IV. 124) gegebenen Darstellung, um so mehr, als es nicht gelang, uns, mit Ausnahme der Hauptstelle bei Gregor von Nazianz, eine Einsicht der Quellen zu verschaffen. Als solche werden folgende angeführt: *Gregor Nazianz. Oratio 30 in laudem Basilii. Bas. 1571. p. 512. — Vita S. Basilii c. 241. — Opera Basilii. Praef. p. 115. — Basilii epist. 94. 143. 235. (Opp. III. p. 188.)

50) Theodoretus, Hist. eccl. IV. 19.

51) *Palladius, de vita St. Chrysostomi. Par. 1683. 4. p. 36. »Cum autem necessitas invalesceret, plura nosocomia (νοσοκομεῖα) aedificat, praeponens presbyteros pios duos; praeterea et medicos et coquos atque bonos opifices e caelibum ordine ad eorum ministerium (ὑπηρεσίαν), ut advenientes hospites (ξένους) et morbo correpti curarentur.«

52) Vgl. *Ernst von Lasaulx, der Untergang des Hellenismus und die Einziehung der heidnischen Tempelgüter. München 1856. 8. S. 66. — Die Hauptstellen sind Julian., Epist. 49. und Sozomenos, Hist. eccl. V. 16.

53) Gregor Naz., Orat. 4 in Julian. c. 111. T. 1. p. 139.

54) *Procopius, de aedificiis Justiniani. I. 2. »Inter utramque (Irenes ecclesiam et aedem Sophiae) erat hospitalis domus (ξενὼν) hominibus destinata valde pauperibus et aegrotis, nempe quibus ad egestetatem acces-

sisset invalitudo (εἰ πρὸς τῇ οὐσίᾳ καὶ τὸ σῶμα νοσοῖεν).« — Vergl. ebendas. I. 11.

55) Procopius, l. c. I. 9. — Die Anstalt heißt Μετάνοια, d. h. Haus der Buße. Später kommen derartige Anstalten unter dem Namen κουροτροφεία vor.

56) Novell. 7. 100.

57) *Baronius, Annal. eccl. ad a. 610. »Cum itaque praeter alia beneficia exstruxisset xenodochia et nosocomia et ptochotrophia, eis frumentum attribuit quotidianum; tantaeque haec ei erant curae, ut etiam pauperibus feminis, quibus ad pariendum non erant habitacula, neque aliquid eorum, quae sunt apta ad earum curationem, septem domos attribuerit ex diversis locis civitatis, effeceritque ut in eis essent lecti et stragula et suppeditatio alimentorum, qua reficeretur indigentia parientium.«

58) Unter diesen ärztlichen Schriften befand sich das noch vorhandene Exemplar einer werthvollen Sammlung, welche Niketas, ein sonst unbekannter griechischer Arzt, veranstaltet hatte. (Abgedruckt bei *Cocchi, Graecorum libri chirurgici.) — S. auch *Choulant, Handbuch der Bücherkunde für die ältere Medicin. 2. Aufl. Leipz. 1841. 8. S. 418.

59) Muratori, l. c. 576. 581.

60) Muratori, l. c. 578. — Ueber das Hospiz am Semmering vgl. die Urkunden bei Fejér, Cod. diplom. Hung. eccl. ac civil. IV. 2. 496. (*Fr. Müller, Geschichte der siebenbürgischen Hospitäler. S. 5. [Vergl. Anmerk. 65.]) Der Fleiß Muratori's hat nicht unterlassen, auch eine Reihe von Nachrichten über die Wirthshäuser jener entlegenen Zeiten zu sammeln. (l. c. 582 seq.) Anstalten zur Aufnahme von Reisenden waren noch zur Zeit Karl's des Großen selten, und deshalb ermahnte dieser wiederholt zur Ausübung der Gastfreundschaft.

61) Die Zahl der während des Jubeljahres in den Klöstern von Rom täglich verpflegten Pilger beträgt 6—7000; das Hospital de' pellegrini verpflegt hiervon täglich zwischen 273—1600, im Mittel 600. Seit langer Zeit dient die Anstalt außerdem als Reconvalescentenhaus für sämmtliche Krankenanstalten von Rom. (Morichini, a. a. O. 107.)

62) Muratori, l. c. p. 564 seq.

63) *Helyot, Histoire des ordres monastiques etc. Paris et Douai, 1734. 4. 8 voll. III.

64) Die häufig vorkommende Benennung „Siechenhäuser" hat oft zu Mißverständnissen geführt. Unter Siechen sind keineswegs durchaus nur Kranke, sondern sehr oft Gebrechliche im Allgemeinen zu verstehen.

65) Bereits im Jahre 985 bestätigt König Otto III. der Abtei Cornelimünster den Zehnten ihrer Salhufen für das Hospital »ad portam monasterii

in alimoniam pauperum atque hospitum.« Lacomblet, Urkundenbuch für die Geschichte des Niederrheins. 1840. I. 73. — ibid. 105. 183. — Ein Krankenhaus (»domus infirmorum«) wird bei der Abtei St. Martin zu Köln schon im Jahre 1021, ein »hospitium adjutorium debilium, egentium et peregrinorum« bei dem Cassius- und Florentius-Stift in Bonn im Jahre 1112, ein Hospital für Arme und Kranke in Siegburg im Jahre 1156 erwähnt. Lacomblet, a. a. O. S. 98. 178. 270. (*Fr. Müller, Gesch. der siebenbürg. Hospitäler bis zum Jahre 1625. Schäßburg 1856. 8. S. 4. 5.) Zahlreiche fernere Beispiele s. bei Hüllmann, Städtewesen des Mittelalters. IV. S. 57—64. *Spengler, Mittheilungen des Vereins Nassauischer Aerzte. 1852. 8. S. 33.

66) Die Bibliothek des Germanischen Museums zu Nürnberg besitzt eine Handschrift: — „daz Spital puch haizzet das Laytpuch" von 183 Blättern fol. aus dem 14. Jahrhundert, welches Nachrichten über Stiftung, Verfassung, Einkünfte ꝛc. nebst Urkundenbuch des Spitals z. heil. Geist in N. enthält. Nach einer Mittheilung des Secretariats des Germ. Museums ist diese Urkundensammlung bis jetzt nicht benutzt worden.

67) Ludewig, Geschichtschr. des Bisthums Würzburg, S. 486. 5. — Sand, Geschichte des Bürgerspitals in Würzburg. S. 5. (*Scharold, a. a. O. S. 15 ff.

68) C. G. Scharold, Beitr. zur Chronik der Stadt Würzburg. I. 416. (F. B. Scharold, a. a. O. S. 18.)

69) *Zöpflin, Hist. Zaringo-Badensis. Carolr. 1765. 4. V. 125.

70) *v. Arx, Geschichten des Cantons St. Gallen. St. G. 1810. 8.

71) Ferner bestand zu Wien seit 1267 das „Klagbaum-Spital", eine kleine Anstalt für „Sieche" und Aussätzige, gegründet von einem Pfarrer Gebhard bei St. Stephan. Vor 1294 wurde das St. Markus-Spital, im Jahre 1295 ein Hospital an der Wien gegründet (*Pertz, Monum. Germ. hist. XI. 718. 15). Das letztere ist vielleicht identisch mit dem „Kreuzherren-Spital" bei St. Karl. — Alle diese Anstalten, sowie mehrere später entstandene, wurden durch Joseph II. zu dem „allgemeinen Krankenhause" verschmolzen.

72) Die betr. Literatur s. bei *de Gerando, a. a. O. IV.

73) *Dittmer, das heilige Geistspital und der St. Clemens-Caland zu Lübeck, nach ihren früheren und jetzigen Verhältnissen aus den Urkunden und Akten beider Stiftungen dargestellt. Zweiter vermehrter und verbesserter Abdruck. Lübeck, 1838. 8. (S. 204.)

74) Ein solches Seelbad fand sich, als Rest einer alten Spital-Einrichtung, in der St. Georgsklause unter dem Johannisberge im Rheingau. Auch

hier leisteten die Klausnerinnen den Badenden beider Geschlechter Beistand, bis ihnen dies im Jahre 1426 untersagt wurde. *Spengler, a. a. O. S. 34.

75) Sehr ansehnliche Listen der in früherer und späterer Zeit gegründeten Krankenhäuser finden sich bei de Gerando, bei Chastel (p. 278) und in *Ersch und Gruber's Allg. Encyklopädie, Artikel „Hospital".

76) Man hat geglaubt, Krankenhäuser schon lange vor dem Anfange unserer Zeitrechnung in Indien nachweisen zu können. Ohne die Frage zu untersuchen, ob jene Anstalten mit den uns beschäftigenden Einrichtungen verglichen werden können, leuchtet ein, daß es sehr gewagt seyn würde, die christlichen Krankenhäuser für Nachahmungen der indischen zu halten, da, abgesehen von den Valitudinarien bei den Römern, den ältesten Christengemeinden mindestens derselbe Grad des Erbarmens und der Erfindungsgabe wird zugeschrieben werden dürfen, als denen, die man im fernen Asien für die Urheber so einfacher Veranstaltungen hält. — Vgl. *Heusinger, Janus I. 771. 855. II. 393. — Zu den von Heusinger gegebenen Nachweisungen kann hinzugefügt werden, daß, wie aus Susrutas (*Lat. Uebersetzung v. Heßler. Erlangen 1844. 1847. 8. II. 409.) hervorgeht, für die Frauen aus den vier oberen Kasten besondere Entbindungshäuser bestanden zu haben scheinen.

77) Sozomenos, Hist. eccl. III. c. 16.

78) Es erscheint angemessen, durch Mittheilung des Wichtigsten über diese Schulen einige Irrthümer zu verbessern, welche über diesen Gegenstand im Allgemeinen, und namentlich über die Krankenanstalten der Nestorianer, gehegt werden.

Zunächst steht fest, daß die ärztlichen Unterrichtsanstalten der Nestorianer lediglich griechischen Ursprungs sind, und daß Nichts für die von Mehreren mit Vorliebe gehegte Vermuthung spricht, indische Einflüsse als wirksam anzunehmen. Hierzu kommt die fest stehende Thatsache, daß in vielen Theilen von Asien, namentlich in Syrien und Mesopotamien, seit den Kriegszügen Alexander's des Großen griechische Bildung weit verbreitet war.

Albupharagius erzählt in seinem Compendium dynastiarum, daß Aurelianus mit König Sapor II. von Persien Friede schloß, und zum Pfande desselben ihm seine Tochter zur Gemahlin gab. Ihr zu Ehren baute Sapor nach dem Muster von Byzanz eine Stadt, Dschondisabur; Aurelianus aber sandte für den Dienst seiner Tochter griechische Aerzte, welche zu Dschondisabur als Lehrer der Hippokratischen Medicin auftraten. (Misit autem Aurelianus, qui inservirent filiae suae, medicos Graecos quosdam, atque illi medicinam Hippocraticam in Oriente docuerunt.«) Diese Ereignisse fallen in die Zeit vor der Erhebung Aurelian's auf den Thron. Schulze nimmt in der nachher zu nennenden Abhandlung an, daß die Gründung von Dschondisabur zwischen 257—260 nach Chr. fällt, und daß die medicinische Schule daselbst seit 260 bestand. Später entstanden mit der Ausbreitung des Christenthums in Persien theologische Schulen an verschiedenen Orten, namentlich auch zu Lapetha oder Beth-Lapetha, wahrscheinlich durch Nestorianer, welche aus der schon früher bestehenden Schule zu Edessa durch die Anhänger des Chrysostomus vertrieben worden waren. Diese letztere wurde nach einiger Zeit nach Dschondisabur verlegt, mit der dort bereits bestehenden ärztlichen Lehranstalt vereinigt, und hierdurch der Aufschwung der letzteren sehr bedeutend gefördert. Wann diese Verbindung erfolgte, ist ungewiß; die erste Erwähnung der vereinigten Anstalten fällt in das Jahr 680; des Hospitals zu Dschondisabur wird zuerst im Jahre 754 gedacht, indem erwähnt wird, daß der Khalif Almansor den Director desselben, Georg, Bachtischua's Sohn, einen Christen, an seinen Hof berief. Dieser Arzt, (arabisch Dschordsis Ben Bachtischua) ist der älteste von den Mitgliedern der Familie Bachtischua, deren die Geschichte der arabischen Heilkunde gedenkt. — Zum zweiten Male geschieht des Hospitals von Dschondisabur Erwähnung im Jahre 864, in welchem Sabur, Saheli's Sohn, ebenfalls ein Christ, als Vorsteher desselben starb. Er war Verfasser eines Werkes über die zusammengesetzten Arzneimittel, dessen man sich in den Krankenhäusern und Apotheken zu bedienen pflegte. Endlich wird als Director dieser Anstalt der Lehrer Avicenna's, Abusahelus, genannt, welcher im Jahre 988 starb. Hiernach bestand die medicinische Schule zu Dschondisabur mindestens 728 Jahre lang, das Hospital derselben mindestens 124 Jahre.

Daß in diesen Schulen auch Heiden unterrichtet wurden, zunächst um sie für den Uebertritt zum Christenthume vorzubereiten, ist bekannt. Die Grundlage des Unterrichts war überhaupt theologischer Art; alle Schüler ohne Unterschied sollten, ehe sie sich einem besonderen Berufe widmeten, mit der Bibel und den übrigen Lehrschriften der Kirche sich beschäftigen. Als Hauptmittel der ärztlichen Unterweisung aber wird das Krankenhaus bezeichnet. (»Qui autem medicinae operam dare cupit, ad valitudinarium pergat.«) Dagegen war denen, die sich dem Priesterstande widmeten, die Theilnahme am ärztlichen Unterrichte versagt. — Vgl. *I. H. Schulze, De Gandisapora Persarum quondam academia medica. (Comment. acad. Petropol. XIII. p. 437—458.) — H. Haeser, Lehrb. der Gesch. der Med.

2. Aufl. S. 180 ff. — Hauptquelle ist * Assemani, Bibliotheca oriental. III. 512 u. a. m. a. O.

79) * S. Hieronymi Opera. Venet. 1766. 4. T. I. P. I. p. 401. 409. 457. Epist. 77 ad Oceanum de morte Fabiolae. — »Prima omnium νοσοκομεῖον condidit« (— dieses Wort erklärt einer der Herausgeber durch »villa languentium.« Hierdurch sind einige Schriftsteller zu der Meinung gelangt, Fabiola habe außer dem Hospitale auch noch „auf dem Lande eine Anstalt für Reconvalescenten" gegründet —) »νοσοκομεῖον condidit, in quo aegrotantes colligeret de plateis, et consumta languoribus atque inedia miserorum membra foveret. Describam ego nunc diversas hominum calamitates, truncas nares, effossos oculos, semiustos pedes, luridas manus, tumentes alvos, exile femur, crura turgentia ac de exesis ac putridis carnibus vermiculos bullientes? Quoties morbo regio et paedore confectos humeris suis ipsa portavit? Quoties lavit purulentam vulnerum saniem, quam alius aspicere non valebat?« — Später heißt es von ihrer Verbindung mit Pammachius: »Emitur hospitium et ad hospitium turba concurrit. — Xenodochium in portu Romano situm totus pariter mundus audivit.«

80) Die Mitglieder dieser Brüderschaft sind nicht eigentliche Krankenwärter, sondern sie wohnen außerhalb der Anstalt, bringen den Kranken Erfrischungen, Wasser, rasiren sie u. s. w.; eine Einrichtung, aus welcher, wie selbst Morichini zugesteht, sehr viel Ungebühr entspringt. * C. L. Morichini, Degl' istituti di pubblica carità ed istruzione primaria e delle prigioni in Roma libri tre. Nuova edizione. Roma 1842. 8.

81) Das »Archiospedale San Spirito« zu Rom enthält über 1200 Betten. Ferner sind über 2000 Findelkinder mit den nöthigen Ammen in demselben und in der Umgegend Rom's befindlich. Die Knaben (gegen 500) bleiben in der Anstalt, bis sie im Stande sind, sich selbst zu erhalten, die Mädchen bis zu ihrer Verheirathung oder Einkleidung. — Die jährlichen Einkünfte des Hospitals betragen über 64,000 Scudi. Die Statuten finden sich gedruckt »Transumptum privilegiorum hospitalis S. Spiritus de urbe« S. a. (wahrscheinlich 1554. Morichini.)

82) Die Erzbrüderschaft ad sancta sanctorum führt ihren Namen von einem Bilde des Erlösers, welches sich in einer mit dem päpstlichen Palaste zusammenhängenden Kapelle, genannt Sancta Sanctorum, befindet. Diese Kapelle wurde bewacht von zwölf Rittern »Portieri o raccomandanti di Santissimo Salvatore«, deren Würde erblich war. Durch Johann XX. oder XXI. wurde schon zu Ende des 13. Jahrhunderts eine Brüderschaft gestiftet, und diese mit den seither bestehenden Hütern jener Kapelle verschmolzen (Morichini).

83) Die von Muratori mitgetheilte Stiftungsurkunde enthält zugleich eine ergreifende Schilderung der sittlichen Verworfenheit, welche den Gedanken an eine derartige Anstalt ins Leben rief. Allerdings war auch von sehr bedeutendem Gewicht die Erwägung, daß die Mehrzahl der bis dahin dem Verderben geweihten Kinder des Sacraments der Taufe verlustig ging. »Et quia frequenter per luxuriam hominum genus decipitur, et exinde malum homicidii generatur, dum concipientes ex adulterio, ne prodantur in publico, fetos teneros necant, et absque baptismatis lavacro parvulos ad Tartara mittunt, quia nullum reperiunt locum, in quo servare vivos valeant et celare possint adulterii stuprum, sed per cloacas et sterquilinia fluminaque projiciunt, atque per hoc toties exercentur homicidia in orbe (urbe?) quoties ex fornicatione concipitur infans: idcirco ego qui supra Datheus Archipresbiter — — volo et statuo, ut tales feminae — — colligantur et collocentur in predicto exsenodochio« (italisirte Form für xenodochio) »atque nutrices eis provideantur mercede conductae quae parvulos lacte nutriant et ad baptismatis purificationem perducant.« Sodann wird bestimmt, daß die Findlinge bis zum siebenten Jahre in der Anstalt bleiben und dann entlassen werden sollen. — Muratori, l. c. p. 587.

84) *Ersch und Gruber, Allgem. Encyklopädie, Art. Hospitäler (II. 11. S. 169.)

85) Ersch und Gruber, a. a. O. S. 108.

86) Der Stiftungsbrief findet sich in den Akten des 5ten Concils von Orleans. Von der Geschichte dieser Anstalt handelt Dagier, Histoire chronologique du grand Hôtel-Dieu de Lyon. Lyon 1830. 8. 2 voll. Ob die Schrift von J. P. Pointe, Histoire topographique et médicale du grand Hôtel-Dieu de Lyon, dans laquelle sont traitées la plupart des questions, qui se rattachent à l'organisation des hôpitaux en général. Paris 1842. 8. eine eigentliche Geschichte dieser Anstalt enthält, ist nach dem Titel nicht zu entscheiden.

87) Die betreffende Literatur s. bei *Choulant, Bibliotheca medica historica. Lips. 1842. 8.

88) »Deinde«, heißt es bei dem Bericht-erstattenden Diakonus Paulus von Merida (Florez, España sagrada XIII. p. 359), »Deinde supradictus vir (— Masona) xenodochium fabricavit, magnisque patrimoniis ditavit, constitutisque ministris vel medicis peregrinorum et aegrotantium usibus deservire praecepit, taleque praeceptum dedit, ut cunctae urbis ambitum medici indesinenter percurrentes quemcumque servum, seu liberum, Christianum seu Judaeum reperissent aegrum, ulnis suis gestantes ad xenodochium deferrent: straminibus quoque lectulis itidem praeparatis eundem infirmum

ibidem superponentes, cibos delicatos et nitidos eousque praeparatos, quousque cum Deo aegroto ipsi salutem pristinam reformarent: et quamvis a praediis xenodochio collatis multis deliciarum copia pararetur, adhuc viro sancto parum esse videbatur. Sed his omnibus beneficiis adjiciens praecepit medicis, ut ex omnibus eximiis ab universis sanctuariis ab omni patrimonio ecclesiae in atrium inlatis medietatem acciperent et eisdem infirmis deferrent.« *Heusinger, Ein Beitrag zur ältesten Geschichte der Krankenhäuser im Occidente. (Janus, Zeitschr. für Gesch. der Med. I. 771 ff.)

89) Muratori, l. c. p. 593.

Es konnte nicht in der Absicht dieser Schrift liegen, die Geschichte der Krankenhäuser, auch nur in ihren allgemeinsten Umrissen, bis in die neuere Zeit zu verfolgen. Dagegen wird einigen flüchtigen Notizen eine Stelle vergönnt seyn.

Die Mehrzahl der gegenwärtig in Europa bestehenden Krankenhäuser ist neueren Ursprungs. — Am lebhaftesten hat sich der Eifer für die Pflege der Hülfsbedürftigen in Italien erhalten. Zu Rom wurde unter Sixtus V., Innocenz XII., Clemens XI. das Hospital des Pons Sextius (gegenwärtig »de centi preti«), gegründet. — In Neapel stiftete Anna Longo im Jahre 1522 das große, 1000 Betten enthaltende, Hospital Real Santa Casa; das Hospital des heiligen Jannarius entstand 1656 in Folge eines Gelübdes der Stadt bei der großen Pest-Epidemie des genannten Jahres. Aus derselben Zeit stammen zu Genua das Hospital der Unheilbaren und das Albergo dei poveri.

In Frankreich geschah der wichtigste Schritt unter Ludwig XIV., welcher in den Jahren 1656 und 1662 die Aufhebung der Mehrzahl von den bis dahin in großer Menge bestehenden Hospitälern und Aussatzhäusern, und die Einziehung ihrer, häufig ihrem ursprünglichen Zwecke völlig entfremdeten, Besitzungen und Einkünfte anordnete, um dieselben zur Begründung neuer, wohl organisirter, größerer und gleichmäßig über das ganze Land vertheilter Hospitäler zu benutzen. So entstanden in 1130 Gemeinden 1133 Krankenhäuser, deren unbewegliches Vermögen gegenwärtig einem Werthe von 500 Millionen Franken entspricht und von denen im Jahre 1847 in 126,142 Betten 575,823 Kranke verpflegt worden sind.

Während der Revolution wurden durch das Gesetz vom 25. Messidor II. die Hospitäler und deren Verwaltung in die Hände des Staates gelegt. Der Zeitraum von zwei Jahren genügte, um das Verderbliche dieser Maaßregel, in Folge welcher die bisherigen Vermächtnisse und Dotationen aufhörten, ans Licht zu stellen. Seit der Aufhebung dieser Verordnung hat sich das Hospitalwesen in Frankreich wieder zur höchsten Blüthe entwickelt. Seit dem Jahre 1752 bis zum Jahre 1833 hat sich in Frankreich die Zahl der in Hospitälern Verpflegten zwar mehr als verdoppelt (von 72,000 auf 154,000), aber die Einkünfte der ersteren haben im Verhältniß von 2 zu 5 (von fast 6 Millionen Livres zu 51 Millionen Francs) zugenommen (de Gerando, a. a. O. 307). Noch in der neuesten Zeit sind in Frankreich den Hospitälern durch Vermächtnisse u. s. w. bedeutende Summen zugeflossen. Nach de Gerando war der Betrag der von 1816—1835 bekannt gewordenen Gaben dieser Art 51,178,263 Francs.

In London stammt die Mehrzahl der Hospitäler aus dem 18. Jahrhundert. Das alte, von Heinrich VIII. erneuerte St. Bartholomäus-Hospital erfuhr im Jahre 1729 durch die Wohlthätigkeit eines Privat-Vereins bedeutenden Zuwachs an Einkünften. Das Guy's-Hospital wurde 1721 durch den reichen Buchhändler Guy auf Antrieb des berühmten Arztes Mead gestiftet; das St. Georgs- und das London-Hospital entstanden 1710 und 1745.

Auch in Deutschland fällt die Gründung der Mehrzahl der gegenwärtig bestehenden Krankenhäuser in das vorige Jahrhundert. So wurden z. B. das Hospital der Elisabethinerinnen zu Wien im Jahre 1710, das Krankenhaus zu München im Jahre 1742, das zu Bamberg 1787 gegründet u. s. w. u. s. w.

90) Zur Rechtfertigung dieser Meinung reicht es hin, an Hebra's Untersuchungen gewisser skandinavischer Hautkrankheiten, und an die Forschungen Sigmund's über die Faleadina und ähnliche Uebel zu erinnern. Irgendwo in der »Physica« der heiligen Hildegard wird denen, die durch Ausschweifungen »leprosi« geworden sind, ein sehr indifferentes vegetabilisches Mittel empfohlen. Wahrscheinlich gehörten solche Fälle der Acne an. — Es fehlt selbst nicht an Stellen, die fast zu der Vermuthung berechtigen, als seyen zuweilen Kranke jeder Art »Leprosi« genannt worden.

91) Pausanias (V. 5. 4) berichtet, daß der Name eines Ortes Lepreos oder Lepreon, im Süden der elischen Landschaft Triphylien, bald von dem Sohne oder der Tochter des Pyrgeus, Lepreos und Leprea, abgeleitet, bald zurückgeführt wurde auf den Aussatz, an welchem die ersten Ansiedler litten. (*οἱ δὲ τοῖς πρῶτον οἰκήσασιν ἐν τῇ γῇ νόσον φασὶν ἐπιγενέσθαι λέπραν, καὶ οὕτω τὸ ὄνομα λαβεῖν τὴν πόλιν ἐπὶ τῶν οἰκητόρων τῇ συμφορᾷ.*)

92) Du Cange, Famil. Byz. Const. christ. IV. 165.

93) Die Statuten dieses Hospitals erschienen Rom 1659. (Morichini.)

94) *Muratori, Antiq. ital. med. aevi. I. Diss. 16. p. 907.

95) »Donamus et legamus duobus millibus domorum leprosorum decem millia librarum, videlicet cuilibet eorum centum solidos.« — Auch in Frankreich verdanken nach Labourt (a. a. O. 40) mehrere Ortsnamen der Lepra ihren Ursprung. So hieß Levrour »leprosus vicus.« Im Jahre 1268 kommt die Grabschrift eines gewissen Johannes de Calviniaco, »dominus de Leproso«, vor. *L. A. Labourt, Recherches sur l'origine des ladreries, maladreries et leproseries. Paris 1854. 8. (pp. VIII. 388.)

96) Muratori, l. c. 909. — Hier wird auch die Formel der Aufnahme mitgetheilt: »Ego N. frater leprosus promitto Deo et juro ad haec sancta evangelia, quod castus ero et abbatissae obediens, nihil proprium possidebo« etc.

97) *Möhsen, Beiträge zur Geschichte der Wissenschaften in der Mark Brandenburg. Berlin, 1781. 4.

98) *v. Arx, Geschichte des Cantons St. Gallen. St. G. 1810. S. 145. Tzschoppe und Stenzel, Urkundensammlung zur Geschichte des Ursprungs der Städte u. s. w. in Schlesien und der Ober-Lausitz. Hamburg 1822. 8.

99) *Ersch und Gruber, Allg. Encyklopädie, Art. „Hospitäler". S. 106.

100) *Gesterding, Beitrag zur Geschichte der Stadt Greifswald. Greifswald, 1827. 8. S. 36.

101) *Labourt, a. a. O. 26.

102) *Fuchs, das heilige Feuer im Mittelalter. Hecker's Annalen. Bd. 28. S. 1. Besonderer Abdruck: Berlin 1834. 8. — H. Haeser, Lehrb. der Geschichte der Med. 1. Aufl. S. 256.

103) *Macrizi's Beschreibung der Hospitäler in El-Cahira. Aus den arabischen Handschriften zu Gotha und Wien übersetzt von Wüstenfeld. (Nebst dem arabischen Texte.) Janus, I. 28—39.

104) Romey, Histoire d'Espagne, V, 412. — Bei dem wichtigsten Schriftsteller über die Geschichte der Medicin in Spanien, Morejon (*Biblioteca medica española, Madrit 1842. 8.) finden sich keine hierher gehörigen Nachrichten. Das Werk von Viardot, Histoire des Arabes et des Mores d'Espagne, Paris 1851. 8. ist dem Verf. bis jetzt unbekannt.

105) So war es z. B. zu Rottenburg an der Tauber (*Bensen, ein Hospital im Mittelalter. Regensburg, 1853. 8.) und gewiß in den allermeisten Fällen. So ist es auch in zwei dem Verfasser näher bekannten Städten. Zu Greifswald lag das noch jetzt bestehende Hospital zum heiligen Geiste, dessen bereits im Jahre 1262, 21 Jahre nach der ersten Erwähnung der Stadt, gedacht wird, außerhalb derselben, an seiner jetzigen, gegenwärtig allerdings innerhalb der Stadt befindlichen Stelle. Die

zu dem Hospital gehörige, unfern des ersteren vor dem Steinbecker Thore gelegene, Kapelle wurde im 30jährigen Kriege zerstört. Das Greifswalder Hospital St. Spiritus gelangte sehr früh zu bedeutendem Besitz. Nach der Reformation nahm einen ansehnlichen Theil des letzteren die Stadt in Anspruch; ein langwieriger Proceß hatte im Jahre 1590 eine dem Hospital sehr ungünstige Entscheidung zur Folge. — Im Jahre 1626 wird eines zu dem Hospitale gehörigen „Elendenhauses" gedacht, und noch jetzt führt ein altes an das Hospital grenzendes Haus diesen Namen. (*Gesterding, Beitrag zur Geschichte der Stadt Greifswald. Greifsw. 1827. 8. S. 11.)

Zu Jena findet sich noch jetzt vor dem Thore an der ältesten nach Naumburg führenden Straße die St. Johannis-Kapelle in der Nähe des Armenhauses für Frauen. Auch das Brüderhaus liegt unmittelbar vor dem Thore an derselben Straße.

106) »Solebat — ecclesiarum hospitia visere, aegrotis in lecto decumbentibus curationem adhibere, tractare ollas, jusculum gustare, patinam illis deferre, frangere panem, escas porrigere, eluere pocula, omnia denique alia munera obire, quae servi et ancillae exsequi solent.« Theodoret, Hist. eccles. lib. V. c. 19.

107) Socrates, Hist. ecclesiast. IV, 23.

108) »Scio multos divites et religiosos ob stomachi angustiam exercere hujusmodi misericordiam per aliena ministeria, et clementes esse pecunia, non manu.« — Die »angustia stomachi« heißt gleich darauf »imbecillitas stomachi« und wird Denen zugeschrieben, »quibus ad intuitum aegrotorum vomitus erumpit.«

109) Eine Hauptbelegstelle findet sich aus einem Beschlusse des Pariser Concils vom Jahre 1212 bei Thomassin, Disc. eccl. l. c. p. 520. »De domibus leprosorum et hospitalibus infirmorum et peregrinorum salubri consilio statuimus, ut si facultates loci patiantur, quod ibidem manentes possint vivere de communi, competens eis regula statuatur, cujus substantia in tribus maxime articulis côntinetur, scilicet ut proprio renuncient, continentiae votum emittant et habitu religioso, non saeculari, utantur. Cum autem pauci sani possint multis infirmis ministrare, indignum est, ut numerus sanorum ibidem manentium excedat numerum infirmorum aut peregrinorum.«

Eine ähnliche Bestimmung ist folgende: Thomassin, l. c. p. 520. (De constitutionibus Edmundi Cantuarensis episcopi.) »Praecipimus, quod qui volunt domum hospitalem seu xenodochium fundare de novo regulam et institutionem a nobis accipiant, secundum quod vivant regulariter et religiose.« — (Concilium Ravennas:) »Nec aliqui instituantur in eis, nec ea quae habent valeant detinere, nisi sint religiosi et sine uxore et tales quod profiteantur perpetuo ibidem pauperibus deservire et tonsuram et hospitalitatem teneant et residentiam faciant in eisdem.«

110) »Sunt insuper aliae tam virorum quam mulierum saeculo renuntiantium et regulariter in domibus leprosorum vel hospitalibus pauperum viventium, absque aestimatione et numero certo in omnibus occidentis regionibus congregationes, pauperibus et infirmis humiliter et devote ministrantes. Vivunt autem secundum Sancti Augustini regulam, absque proprio et in communi sub unius Majoris obedientia et habitu regulari suscepto perpetuam Domino promittunt continentiam, horas canonicas quantum hospitalitatis studium et pauperum Christi ministerium permittunt, diebus et noctibus audire non omittunt.« Hist. occident c. 29. — (Thomassin, l. c. p. 522.)

111) »Omnes fere per simoniam recipiunt.«

112) *Platner, Bunsen u. s. w., Beschreibung von Rom. II, 2. 375.

113) S. oben Anmerkung 88.

114) Vergl. die sehr ausführliche Abhandlung von *Heusinger, Janus II, 500 ff. Ueberaus gründlich erörtert Heusinger zunächst die dunkle Etymologie dieser Bezeichnung. Ohne eine entschiedene Meinung auszusprechen erklärt er sich am meisten für die Ableitung von *παραβάλλειν* in dem Sinne von „sich wohin bewegen, etwas aufsuchen." Jedenfalls sind die Parabalani identisch mit den *παραπέμποντες* des Basilius.

115) Morichini, a. a. O.

116) Abgedruckt bei Heusinger, a. a. O. S. 506 ff. Auch, in etwas abgeänderter Form, im Cod. Justinian. lib. I. tit. 3. l. 17 et 18.

117) S. oben Anmerk. 51.

118) Als Beispiel kann die »Physica« der Aebtissin Hildegard von Bingen dienen, von welcher Daremberg und Reuß vor Kurzem eine neue Ausgabe veranstaltet haben, die sich in der zu Paris erscheinenden »Patrologia« befindet.

119) *Dittmer, a. a. O. — So heißt es auch von dem Xenodochium zu St. Goar am Rheine: »Si contigerit peregrinos et supervenientes infirmari, debet eis custodia adhiberi.« *Spengler, Mittheilungen des Vereins Nassauischer Aerzte. 1852. S. 33.

120) Mehrere der zahlreichen Briefe des heiligen Basilius sind an einen Arzt, Eustathius, gerichtet, in denen dieser als ein Mann von großer Erfahrung geschildert wird. Die Geschichte der Medicin kennt bereits einen Arzt dieses Namens, den Sohn des Oribasius, des Leibarztes

Julian's. Da Oribasius von 326—403 lebte, so könnte der Sohn desselben wohl mit dem Freunde des Basilius identisch seyn. Es wäre sogar möglich, daß Oribasius selbst, aus der Verbannung an den Hof des Valens und Valentinianus zurückgerufen, später zum Christenthume übergetreten wäre.

121) Die Urkunde findet sich im Cod. Theodosian. XVI. 10. 19. Am vollständigsten in den von Sismondi herausgegebenen Constitutionen XII. p. 456 ff.

122) Symmachus, Epist. X. 61. — Ambrosius, Epist. XVII. 5. XVIII. 13. 16. — *Lasaulx, a. a. O. 89.

123) Cod. Theodos. XVI. 10. 20.

124) Vergl. die ausführliche Darstellung bei *Chastel, a. a. O. 333. Unter den dort aufgeführten Schriften kann hervorgehoben werden; de Röhr, De effect. religion. christ. in jurisprudentiam Roman. Diss. 4.

125) »Exceptis decimis, quae de ecclesiae villis ibidem conferuntur, de rebus ecclesiae, prout facultas suppetit, eidem deputetur hospitali, ubi pauperes ibidem recreantur et foveantur. Sed et de oblationibus, quae fidelibus sanctimonialibus deferuntur, decimae dentur ad eorundem sustentationem pauperum.« (Thomassin, l. c.)

126) »De ipsa congregatione boni testimonii frater constituatur, qui hospites et peregrinos adventantes ut Christum suscipiat; qui ea, quae in usus pauperum cedere debent, nequaquam in usus suos reflectat. — Sed et praelatorum debet vigilare industria, ne eum, cui hospitale pauperum committitur, res pauperibus deputatos in aliquo minuere, aut his quasi beneficiario munere concessis sinant uti, quod a praelatis quibusdam curam pauperum parvipendentibus fieri comperimus.« Concil. Aquisgran. Can. 142. (Thomassin, l. c. 849.)

Wie unabhängig sich einzelne Städte in Betreff ihres Einflusses auf die Leitung solcher Anstalten zu erhalten wußten, hat *Müller (Geschichte der siebenbürgischen Hospitäler, S. 32) gezeigt. In Siebenbürgen hatten einzelne Städte das Recht, einen »Rector hospitalis« aus dem Stande der Laien zu wählen, der dann erst in einen geistlichen Orden aufgenommen werden mußte. — Vergl. das. S. 57.

127) Concil. Meldense Can. 40. (Thomassin, l. c. 518.) »Sed et hospitalia Scotorum, quae sancti homines gentis illius in hoc regno construxerunt et rebus pro sanctitate sua acquisitis ampliaverunt, ab eodem hospitalitatis officio funditus sunt alienata. Et non solum supervenientes in eadem hospitalia non recipiuntur, verum etiam ipsi, qui ab infantia in eisdem locis sub religione Domino militaverunt, exinde rejiciuntur et ostiatim mendicare coguntur.«

128) Vergl. *Th. Mommsen, De collegiis et sodaliciis Romanorum. Kil. 1843. 8.

Auch unter den Arabern gab es, wie nach Hammer's Angabe Ibn el-Etsir und Ibn Forat berichten, Ritterorden, deren Mitglieder sich unter einander Brüder nannten und Ordenshäuser und Hospize besaßen. Ibn Batuta, der Reisende, besuchte mehr als zwanzig derselben, und berichtet auch, daß es unter den Rittern höhere und niedere Grade gab. Zum ersten Male geschieht dieser Orden um das Jahr 1156 unter den Khalifen Nassir von Bagdad Erwähnung. Hammer ist geneigt, diese arabischen Ritterorden für das Vorbild der christlichen zu halten. Offenbar hat die entgegengesetzte Meinung weit mehr für sich. (Hammer, im Journal asiatique. 1855. — *Ausland. 1855. Nr. 50.)

129) *E. Hallmann, die Geschichte des Ursprungs der belgischen Beghinen, nebst einer authentischen Berichtigung der im 17. Jahrhundert durch Verfälschung von Urkunden in derselben angerichteten Verwirrung. Berlin 1843. 8. S. VI. 134. Mit 3 Abbild.

130) Die Vorsteher des Hospitals hießen Anfangs, wie gewöhnlich, »Rector« oder »Gubernator«. Erst der dritte von ihnen, Raymund de Puy, nahm den Titel »Magister hospitalis« an. Der Titel „Großmeister" wurde erst später gebräuchlich.

Die wichtigsten von den allgemeinen Schriften über die Geschichte des Johanniter-Ordens sind folgende:

G. Bozio, Historia dell' ordine di S. Giovanni Gierosolomitano. Rom. 1629. f. voll. III.

F. Baudoin, Histoire des chevaliers de l'ordre de St. Jean de Hierusalem. Paris, 1659. fol.

Beckmann, J. Ch., Beschreibung des Johanniter-Ordens, vermehrt von Dithmar. Frankf. 1726. 4.

Vertot, Histoire des chevaliers hospitaliers de St. Jean de Jerusalem. Paris, 1761.

*P. A. Paoli, Dissertazione dell' origine ed istituto del sacro militar ordine di S. Giovambattista Gerosolimitano, detto poi di Rodi, oggi di Malta. Rom. 1781. 4.

*Ed. Lud. Wedekind, Geschichte des Ritterlichen St. Johanniter-Ordens, besonders dessen Heermeisterthums Sonnenburg oder der Ballei Brandenburg. Berlin 1853. 8. SS. 162.

131) In den Statuten von Roger de Moulins, von denen bald die Rede seyn wird, werden als Prioren der von Italien, von Frankreich, von St. Giles, von Pisa, von Venedig, von Montpellier (»Montpelerin«) und

von Constantinopel, nebst dem von Jerusalem (damals »le prior Bernart«), also ebenfalls acht, angeführt. Hieraus erhellt, daß im Occident der Orden sich im Jahre 1181 nur über Italien, Sicilien, Spanien und Frankreich erstreckte.

132) Dieses Dokument wurde von Paoli zuerst in einer Handschrift der vatikanischen Bibliothek (Nr. 4852) entdeckt und in der angeführten Schrift desselben veröffentlicht. Ein Abdruck desselben findet sich auch bei *Lessing, Geschichte der Medicin. Berlin 1838. 8. Bd. 1. Anhang B. — Der nachfolgende Abdruck ist der Schrift von Paoli entlehnt.

»Que les Iglises de lospital seent ordenees a la conoissance du Prior. — Au nom dou Pere et dou Filz et dou Saint esperit amen. — L'an de lincarnacion noutre Seignor MCLXXXI. le mois de mars par dimenche quant lent chante Letare Jerusalem, Rogier serf des poures de Crist avant seant en general chapistre clers et lais et freres connus entour estant a lonor de Deu et de la ornement de relegion et lacreissement et lutilite des poures malades.

Les estabilimenz de liglise avant dite et les profiz des poures apres escriz comanz que tous iors furent tenus et gardez sans aler en contre de nule chose. Des Iglises comanz que eles furent disposees et ordenees a la disposicion dou prior des clers de lospital dendroit de livres de clers de vestimenz de prestres de calices de encensiers de lumiere pardurable et des autres aornemenz.

Et la segonde fois establi par lassentement des freres que por les malades de lospital de Jerusalem soient louez IIII. mieges sages qi sachent conoistre la qualite des orines et la diversite des malades et lor puissent amenistrer remede de medecines.

Et la tierce fois aiousta que les liz des malades fucent fait en longeur et en lariour au plus convenable que estre poyssent a reposer et chascun lit soit covert de son covertour et chascun lit eut ses dras touz propres.

Apres ces biens, il establi le quart comandement que chascun des malades eust pelice a vestir et botes a aler a lor besoigne et revenir et chapeaus de laine.

Cet si establi que petiz bers fucent fait por les enfans des femes pelerines qui naissent en la maison si que il gisent a une part soulet que li enfant alaitant nen aient aucun ennui par la mesaise de lor mere.

Apres escrist le siste chapistre que les bieres des mors fucent en maniere dan cancelees ausi come les bieres des freres, et soient couvert dun drap rouge an croiz blanche.

Au septieme chapistre comanda que partout la ou seraient li lospital des malades que les comandeors de maisons servissent les malades de bon corage et lor amenistrassent ce que lor fust mestier et que sanz querele et sanz plainte lor feyssent servise, si que par cest benefice desservissent part a au en la gloire dou ciel, et se nul des freres eust en despit de garder les comandemenz dou maistre en ces choses que len le feyst a savoir au maistre qui en preyst la veniance selon ce que la Justise de la maison comande.

Cet si comanda quant le conseil fu tenus des freres sur ce que le prior de lospital de France mandast chascun an en Jerusalem C dras de coton taiz por renoveler les covertors des povres et les contast en sa responsion aueuc ceaus qui seront donez a la maison en son priore en aumone.

En icele meisme maniere et a cel conte le prior de lospital de saint Gile autretant de dras de coton achate chascun an et mande en Jerusalem aueuc ceaus qui seront donez en son priore por lamor de Deu as poures de lospital.

Le prior dytalie chascun an mande en Jerusalem as seignors povres II. m. aunes de fustaines de diverses colors que il conte chascun an en sa responsion.

Et le prior de Pise mande autresi autretant de fustaines.

Et le prior de Veneise autresi, et tout soit conte sur lor responsion.

Et les bailliz autressi de contramer soient veillant a cest meisme servise. Dont le bailli dantioche mande en Jerusalem II. m. canes de toile de coton as covertors des malades.

Le prior de Monpelerin mande en Jerusalem II. quintaus de sucre por le Syrop et les medecines et les laituaires des malades.

Au cel meisme servise le bailli de tabarie en mande autretant. – Le prior de Constantinople mande por les malades CC. feautres.

Apres sanz la garde et les veilles de ior et de nuit que les freres de lospital doivent faire de ardant et de devot corage as povres malades com a seignors, fu anjoint en chapistre general que en chascune rue et place de lospital ou les malades reposent, que IX. sergent soient prest a lor servise qui lavent lor pies bonement et les eissuent de dras, et facent lor liz et amenistrent as languissans viandes necessaires et profitables; et les abiurent devotement et qui hobeyssent en toutes choses au profit des malades.

La confirmation de maistre Rogier quel chose la maison doit faire.

Sachent touz les freres de la maison de lospital qui sont et qui avenir sont, que les bones coustumes de la maison de lospital de Jerusalem soloient estre teles.

Premierement la sainte maison de lospital soloient ressevoir les homes et les femes malades et soloient les mieges tenir, qui des malades eussent cure et qui feyssent le syrob des malades et qui porveyssent les choses qui fucent necessaires as malades.

Les III. iors de la semaine soloient avoir les malades char fresche de porc ou de mouton et qui nen pooit mangier si avoit geline.

Et entre II. malades soloient avoir une pelice de berbis qui il afubloient quant ils aloient à chambres.

Et entre II. malades I. pareil de botes.

Chascun an soloit la maison de lospital doner as povres M. pelices de gros aigneaus.

Et tous les enfans getez de peres et de meres soloit lospital resevoir et faire norrir.

Au home et a feme qui se voloient assembler par mariage qui nen avoient dont ils feyssent lor noces la maison de lospital lor donoit II. escueles ou le ...... de II. freres.

Et soloit la maison de lospital tenir I. frere corvoisier et IIII. sergens qui apareilloient les viels soliers a doner por deu.

Et laumonier soloit tenir II. sergens qui apareilloient la vieille robe que il donoit as povres.

Et laumonier soloit doner XII. deniers a chascun prisonier quant il venait de la prison premierement.

Chascune nuit soloient V. clers lire le sautier por les bienfaitours de la maison.

Et chascun ior soloient mangier XXX. povres une fois le ior a la table por Deu, et les V. clers devant diz esteent de ceaus XXX. povres mais les XXV. manioient avant le covent.

Et chascun des V. clers avoient II. deniers et manioient devant le covent.

Et III. iors la semaine donoient laumone a toz ceaus qui la venoient requerre pain et vin et cuisinat.

Les Karehmes chascun samedi soloient faire le mande de XIII. povres et lor lavoient les pies et donoient a chascun chemise et braies neuves et soliers neus et a III. chapelains ou a III. clers de ces XIII. III. deniers et a chascun des autres II. deniers.

Le est la propre aumone establie en lospital, sanz les freres darmes que la maison tenoit honoreement et plusors autres aumones que len ne povit mie monstrer dou tout chascune par soi, et que ce soit voirs les bons homes et leaus le tehmoignent, cest a savoir frere Rogier maistre de lospital le prior Bernart et tout le chapistre general.

133) In dem Urkunden-Summarium bei Bauboin (l. c. p. 21) heißt es: »le Pape Lucius III, en date du 12 Decembre 1181 adressé au dit Frère Rogier de Moulins, confirme l'ordonnance capitulaire d'avoir perpétuellement en la sacrée infirmerie du dit Hopital St. Jean de Hierusalem quatre médecins et quatre chirurgiens pour le service des pauvres et des malades. Vergl. hierzu Lessing a. a. O. 267.

Während des Drucks ist dem Verfasser gelungen, sich die Ansicht des Paoli'schen Werkes zu verschaffen. Die daselbst im Appendix (p. XIX.) abgedruckte Regel von Raymund de Puy aus dem Jahre 1135 (Cod. Vatican. No. 4852) erwähnt bereits, daß sich fortwährend fünf Aerzte und drei Chirurgen im Hospitale zu Jerusalem befinden sollen: »Quen la maison de lospital soient tous iozz (toujours) V mieges et III serurgiens a la disposicion.«

Von dem größten Interesse aber ist die bei Paoli sich findende Beschreibung des Hospitals der Johanniter zu Jerusalem, welche ein deutscher Pilger, Johannes Vizburgensis, entwirft. Dieses wichtige Dokument ist zuerst von Pez in seinen Anecdotis Tom. I. pars 3. p. 526 veröffentlicht worden. Pez selbst schloß nach der Beschaffenheit der Handschrift auf das 13. Jahrhundert als Zeit der Abfassung; Paoli beweist dagegen mit schlagenden Gründen (p. LXIX.) besonders durch den Umstand, daß Johann von Wizburg (Weißenburg im Nordgau) der Kirche des deutschen Hospitals, welche 1163 fertig wurde, als eines noch unvollendeten Baues gedenkt, daß die bezeichnete Urkunde der Mitte des 12. Jahrhunderts angehört. Aus dieser Nachricht erfahren wir, daß das Hospital zu Jerusalem einen außerordentlich großen Umfang besaß, daß es aus einer Anzahl von einzelnen Gebäuden (gleich der Basilias) bestand, daß die Zahl der Kranken nach einer gewiß übertriebenen Angabe durchschnittlich 2000 betrug, daß zuweilen täglich 50 Todesfälle vorkamen. Wir erfahren ferner von Johann von Wizburg, daß auch die armenischen Christen ein Hospital für ihre armen Glaubensgenossen besaßen, und zuletzt, daß zu seiner Zeit die Kirche des deutschen Hospitals, dem außer den deutschen Landsleuten Wenige oder Niemand von anderer Zunge von ihrem Gute mittheilten, im Bau begriffen war.

Die wichtigsten Stellen dieser Beschreibung sind folgende:

»Juxta Ecclesiam sancti sepulcri, quam superius descripsimus, ex opposito versus meridiem est pulchra Ecclesia in honorem sancti Joannis Baptistae constructa, huic adjunctum est hospitale, in quo per diversas mansiones maxima multitudo infirmorum, tam mulierum quam virorum colligitur, fovetur et cum maximis expensis quotidie reficitur; quorum quo pauperibus et infirmis Teutonicis hospitalitatem exhiberet. Confluentibus autem ad ipsum ratione commercii linguae et noti sibi idiomatis de gente illa multis pauperibus et peregrinis, de consensu et voluntate domini Patriarchae quoddam oratorium composuit juxta praedictum hospitale in honorem beatae Dei genitricis Mariae.« Jac. de Vitriaco, Chron. p. 1085. *Voigt, Geschichte Preußens bis zum Untergange des deutschen Ordens. Königsberg 1827—39. 8. — Vergl. oben Anmerkung 133.

138) »Vir iste cum viris Alemannis sibi adjunctis caritatis officia sicut Hospitalarii viris Alemannis pauperibus et infirmis devote exhibuerunt, de suo atque fidelium eleemosynis necessaria ministrando. Uxor quoque ejus in aliud hospitale seorsum et juxta illud mulieribus Alemannis pietatis officia ministrabat. Crescente devotione crevit et numerus fratrum ibi Domino servientium, et se ad ordinem seu regulam S. Augustini disposuerunt, mantellos albos deferentes; successu sicut Hospitalarii quasi coacta arma sumserunt, et in defensionem terrarum suarum et patriae Deo et regulae beati Augustini votis se adstringentes cruces nigras albis vestibus superaddentes atque vexillis, anno Domini MCXXVII.« Chronic. S. Bertini, p. 626.

139) »Quoniam usque ad tempora praesentia in humilitate et fervore religionis permanserunt, avertat Dominus ab eis superbas, avaras, litigosas et sollicitudine anxias et religioni inimicas divitias.« Jacob. de Vitriaco. Chron. p. 1085.

140) „Welche Crysten zcu Jerwsalem bleyben wolten unter dem Trybut, mochten bleyben, by zwene Hospital auch zu nutzunge der armen pilgerlewthe." Ordens-Chronik S. 7.

141) Zu den frühesten Niederlassungen des deutschen Ordens in Deutschland selbst gehört die zu Halle an der Saale, indem daselbst vor dem Jahre 1204 ein Convent, genannt „das deutsche Haus zu Halle", gegründet wurde. Früher noch bestand bereits in Thüringen ein Pfleger der Ordensgüter in Thüringen. Sehr alte Niederlassungen des deutschen Ordens bestanden auch zu Coblenz und zu Salzburg. (Voigt, a. a. O. II. 74.)

142) Die Küche der Firmarie war ungleich besser als die gewöhnliche des Ordenshauses, mit der sich in der unverdorbenen Zeit selbst der Hochmeister begnügte. Doch stand diesem frei, die Firmarientafel, so oft er wollte, zu besuchen. Wenn dies geschah, wurden die Brüder der Firmarie noch besser gespeist als gewöhnlich. Voigt, a. a. O. VI. 514.

143) In den ältesten Ordensstatuten vom Jahre 1250 heißt es im 31. Cap.: »Statuimus insuper, ut mulieres ad plenum hujus ordinis consortium non admittantur, cum viriles animos per feminarum blanditias frequenter con-

tingat emolliri. Et quia quaedam infirmorum in hospitalibus et pecorum obsequia aptius per muliebrem sexum efficiuntur, liceat mulieres in consorores ad talia ministeria recipi, ita ut de ipsarum receptione auctoritas provincialis Commendatoris requiratur, et receptis talibus feminis domicilium speciale extra fratrum habitationem praeparetur. Castitas enim religiosi cum mulieribus habitantis, etsi forte sit conservata, non tamen tuta, nec sine scandalo diu poterit permanere.« Diese Bestimmung wiederholt sich in allen Ordensstatuten bis zu deren gänzlicher Umgestaltung im Jahre 1606. — *Dudik, Sitzungsberichte der Wiener Akademie der Wissenschaften. 1855. März. S. 309.

144) Dudik, a. a. O. S. 314. (Nach: Fr. Stettler, Versuch der Geschichte des deutschen Ritterordens im Canton Bern. Bern 1842. 8.

145) *Helyot, Histoire des ordres monastiques, religieuses et militaires etc. Paris et Douai 1714. 8. 8 voll. I. 257 ff. — II. 251 ff.

146) Die Ordenstracht der Lazaristen bestand ursprünglich in einem langen Mantel, auf dessen Seite sich ein einfaches weißes, an den Ecken etwas abgerundetes Kreuz befindet. Ein anderes Kreuz, mit etwas längerem Fuße, tragen sie auf der Brust. Erst seit dem Anfange des 16. Jahrhunderts erscheint das grüne und achteckige Kreuz.

147) Die Stiftungsurkunde S. bei *Helyot I. 388.

148) *Labourt, Sur l'origine des ladreries etc. S. oben Anmerk. 95.

149) *Morejon, Bibliotheca med. española. Madrid 1842. 3 Bde. 8. I. 206.

150) Le Begues muß für den Familiennamen Lambert's gehalten werden. Man hat einen Beinamen darin finden wollen: „der Stammler", was sich mit dem großen Rufe Lambert's als Kanzelredner nicht verträgt. Außerdem hat Hallmann bewiesen, daß es irrig ist, die Beguinen oder (wie sie von den Anhängern dieser Etymologie deshalb genannt wurden) Beghinen von der heiligen Begga oder Beggha, Fürstin von Brabant (zu Ende des 7. Jahrhunderts), abzuleiten. Hallmann's Schrift hat zur Hauptaufgabe, zu beweisen, daß eine zu Vilvorde aufgefundene Urkunde vom Jahre 1065, in welcher bereits der Beguinen gedacht wird, sowie einige andere etwas spätere Documente, unächt ist. Mehrere Andere, z. B. Mosheim, glauben, daß es in Deutschland schon vor Lambert Beguinen gegeben habe. Hallmann zeigt (S. 119), daß diese Annahme sehr unwahrscheinlich sey. Die erste der beiden Nachrichten, welche dafür sprechen sollen, und welche aussagt, daß zu Kaufbeuren schon im J. 893 ein Beguinenhof bestanden habe, hält Mosheim selbst für falsch. Die zweite Nachricht zu vergleichen war Hallmann nicht vergönnt; das Ergebniß unsrer Prüfung derselben ist kein anderes, als daß die

Vermuthung Hallmann's, die betreffende Stelle beweise Nichts für das Vorkommen von deutschen Beguinen vor Lambert's Zeit, bestätigt wird. — Die fragliche Stelle findet sich bei *Franc. Petri, Suevia ecclesiast. August. Vindel. 1699. fol. Es heißt dort, das Kloster des heiligen Franciscus zu Waldsee sey schon im Jahre 1100 gegründet worden »originem sumpsit a tergeminis sororibus uno patre et matre editis iisdemque vitam et mores (prout mos illius aetatis ferebat) Beginarum devoto Christi famulatu sectantibus.« Offenbar ist Petri's Meinung keineswegs, jene drei Schwestern als Beguinen zu bezeichnen, sondern er vergleicht nur ihre Lebensweise mit der zu seiner Zeit allgemein bekannten der Beguinen.

Ebenso wenig sind wir im Stande gewesen, bei * Mart. Crusius, Annal. suevic. Francof. 1596. fol. einen Beweis für das Vorkommen deutscher Beguinen vor Lambert aufzufinden In dem ganzen Werke wird nur angeführt, daß zu Heckenbach oder Heppach in Schwaben um das Jahr 1233 ein Cisterzienserkloster von zwei Beguinen (»a duabus conversis feminis, Beginas vocabant«) gegründet worden sey. An einer späteren Stelle wird gesagt, daß es in Deutschland in gewissen Klöstern gewisse Widersacher der mönchischen Regeln gegeben habe, welche »Fraticelli, Beghardi et Beginae« genannt wurden, und welche glaubten, am besten ohne eine bestimmte Regel Gott dienen zu können. Crusius fügt hinzu, daß diese Ansichten vielfach Anstoß erregten, und daß mehrere Bischöfe beschlossen, diese Vereine zu zerstören, daß die letzteren aber unter diesen Umständen sich freiwillig der Regel des heiligen Augustinus unterwarfen. Dies geschah 1247 an einem nicht bezeichneten Orte und 1252 zu Gnadenzell (Gratiaecella) in Schwaben.

151) S. die Abbildungen bei Hallmann. Die Kleidung ist in den einzelnen Städten sehr verschieden, hin und wieder durchaus weltlich.

152) „Zu Vilvorde", sagt Hallmann (S. 83), hatte das Hospital des Beguinenhofs, die älteste Stiftung, die meisten Güter. In alten Verschreibungen heißt die ganze Anstalt selbst nicht, wie später, »Beghinaghium de solatio B. Mariae« sondern »Infirmarium de sol.«. Ja gegen Ende des 14. Jahrhunderts heißt es gewöhnlich »ad opus infirmariae« oder »infirmarii curtis beghinarum.«

153) *Möhsen, Beiträge zur Geschichte der Wiss. u. s. w. ohne Angabe der Quelle. M. nennt die Beguinen „alte Weiber, welche Kranke besuchten und Werke der Liebe des Nächsten übten."

154) Dies war z. B. im Jahre 1468 mit dem großen Beguinenhofe von Steenoort bei Vilvorde der Fall, welcher den Carmeliterinnen von Mal-

becq bei Lüttich überlassen wurde, welche alsdann mit den Beguinen — nicht ohne Unfrieden — zusammenlebten. Im Jahre 1796 wurde dieser Hof von den Franzosen aufgehoben und die Beguinen zerstreuten sich. (Hallmann.)

155) Vergl. den Artikel „Beguinen" in der *Allg. Encyklopädie von Ersch u. Gruber.

156) *Helyot, VIII. p. 7.

157) Der Name wird sehr verschiedentlich, selbst durch das indische »Kali«, gedeutet. Unzweifelhaft ist die Ableitung von »calendae« die einzig richtige, da die Genossenschaft sich am ersten Tage jedes Monats zu versammeln pflegte.

158) *Ch. G. Blumberg, Kurtze Abbildung des Kalandes oder derer so genannten Kaland-Brüder u. s. w. Chemnitz 1721. 16.

159) Wie man über die Verbindung von Schmausereien mit Andachtsübungen dachte, zeigt der Ausspruch des Johannes ab Indagine, welcher solche »convivia, collationes et potationes« ganz in der Ordnung findet, »quia spiritualia esse omnino non possunt sine temporalibus.«

160) Hermann, Abt zu Corvey, löste schon im Jahre 1234 den Kaland zu Ottberg wegen seiner Schwelgerei auf, und versetzte in seine Güter Nonnen des St. Catharinen-Klosters zu Eisenach. Blumberg, a. a. O. 103. — So bedroht Erzbischof Friedrich von Magdeburg im Jahre 1447 den Kaland zu Dessau mit der Aufhebung: — »Liceat — — dies Kalendarum hujusmodi, nec non depositionis funerum fratrum ex ea decendentium cum divinis officiis — — — solemniter celebrare, ac in eis cenam et prandium cum moderatis ferculis facere, eo cauto per provisores, quod post hujusmodi cenam et prandium fratres non vacant ebrietati nec rixe aut illicitis, nec suspectas adducant personas — — si autem secus fecerint, fraternitatem cessabimus et nihilominus delinquentes condigne puniemus.« Blumberg, a. a. O. 282.

So spricht Luther von „unserm losen Kaland" zu Wittenberg.

161) Zu Lübeck bestehen dem Namen nach noch jetzt fünf Kalande, sie sind aber längst zu gewöhnlichen Versorgungs-Anstalten für Arme geworden. Dittmer, a. a. O.

Zu Greifswald bestanden ebenfalls mehrere Kalande. Zuerst wird ihrer im Jahre 1350 gedacht. Höchst wahrscheinlich sind sie identisch mit den häufig erwähnten drei Brüderschaften der heiligen Maria Magdalena bei St. Nicolai, des h. Gregorius bei St. Marien, der h. 12 Apostel bei St. Jacobi. Im Jahre 1448 werden sie bezeichnet als »fratres certis anni temporibus ad divina peragendum obsequia et alia pia opera exercendum convenire soliti.« Im Jahre 1498 werden als Mitglieder der erstgenannten dieser Brüderschaften lediglich studirte Männer, vorzugsweise Doctoren, Licentiaten und Baccalaureen der Theologie und Jurisprudenz, erwähnt. — In Greifswald besaßen diese Brüderschaften mehrere Häuser, „Convente", die sie zu ihren Versammlungen benutzten, und welche zum Theil als Armenhäuser noch jetzt vorhanden sind. Außerdem besaßen dieselben in der Nähe der Kirchen kleine Häuser, welche unter dem Namen der „Kirchenbuden" oder „Kirchenkathen" ebenfalls noch jetzt zum Theil bestehen. Die Wirksamkeit dieser Kalande erstreckte sich bis nach der Insel Bornholm, wo sie jährlich einmal zur Erbauung der dort einlaufenden Seefahrer Messe lasen. — Von einer besonderen Fürsorge dieser Greifswalder Kalande für Kranke wird Nichts erwähnt. — Vgl. *Gesterding, Beitrag zur Geschichte der Stadt Greifswald. Greifswald 1828. 8. S. 96 u. a. m. a. O.

162) Helyot, II. 284. Die betr. Literatur S. bes. I. LIX.

163) Das. II. 195 ff.

164) Ueber die Versuche, auch diesem Orden ein fabelhaftes Alter zu verschaffen, S. Helyot, a. a. O.

165) Die Statuten des Ordens sind gedruckt: Regula ordinis St. Spiritus. Lugd. 1647 (Morichini). Die betr. Literatur bei Helyot, I. XLVIII. — In einer von Müller (Gesch. der Siebenbürg. Hospitäler S. 53) mitgetheilten Urkunde vom Jahre 1456 führt der Ordens-General vom heiligen Geiste den Titel: »Sacri et apostolici hospitalis de urbe magister ac totius ejusdem ordinis Sancti Spiritus generalis praeceptor.«

166) Helyot, V. 76 ff.

167) *Morejon, a. a. O. I. 244.

168) Helyot, IV. 292.

169) Das. III. 173.

170) *L. Wittelshöfer, Wien's Heil- und Humanitäts-Anstalten, ihre Geschichte, Organisation und Statistik. Wien 1856. 8. S. 242.

171) Helyot, VII. 321 und *Ersch und Gruber, Allgem. Encyklopädie der Wissensch. u. Künste. Artikel „Hospitaliter".

172) Morichini, a. a. O.

173) *F. J. Buß, der Orden der barmherzigen Schwestern. Uebersicht seiner Entstehung, Verbreitung, Gliederung, Leistung, Nothwendigkeit und Zweckmäßigkeit in der Gegenwart. Schaffhausen 1847. 8. (SS. 623.) — Die wichtigsten von den übrigen Schriften sind von Cl. Brentano (Coblenz 1831), Clemens August, Droste von Vischering (Mün-

Zeitfracht Medien GmbH
Ferdinand-Jühlke-Straße 7
99095 Erfurt, Deutschland
produktsicherheit@kolibri360.de